世界と人間を操る

お金の学校

経済評論家
渡邉哲也
Watanabe Tetsuya

ワニブックス

はじめに　お金の教科書

お金はうそをつかない。お金は正直です。どんなにきれいごとをいっても、お金がなければ何もできません。また、トラブルの多くはお金にまつわるものであり、お金にまつわらないトラブルでも最後はお金で解決する。保険金や損害賠償などがその典型例です。

では、お金とは何でしょう？　これは意外と答えにくいものです。また、お金は貸し借りされ、そして、社会の「血液」として流れています。コロナ禍で実施された中央銀行による「量的緩和」政策がその典型で、お金をジャブジャブ刷ることで、「輸血」して末端までカネが流れるようにしました。しかし、出血が止まれば、今度は血液が多すぎて高血圧になってしまう。つまりインフレです。

これらのお金の流れをつかさどるのが「金融」であり、金融が生み出すのが「信用」です。現代社会においては現金という「真水《まみず》のお金」の何百倍もある信用によってつくられたお金が動いています。

たとえば、多くの人はコンビニやスーパーでスマホ決済をし、インターネットサイトやクレジットカードで決済している。誰もが知らず識らずのうちに利用しているのが信用によりつくられた「フェイクマネー」であり、これを可能にしているのが金融なのです。

「信用」を英語にすると「クレジット」。

簡単な話ともいえます。とかく専門家はこれを難しく説明しようとする。また、新聞やメディアも、言葉の意味を理解せず、記事を書いていることが多い。

これでは理解が進みません。今、日本政府は中学・高校で金融教育を進めるとしていますが、はたしてきちんと教えることができる先生がいるのか、心配で仕方ない。いかんせん日本の教育界はお金を汚いものと決めつけ、極力触らないようにしてきた観があるからです。マルクスの資本論の思想が強く反映されているものと思われます。

ここでマルクスについて少しだけ紹介しておきましょう。

カール・マルクスは元来の金持ちで、労働者を侮蔑し、まともに働かず親戚縁者にお金をせびり続けたアル中の多重債務者のＤＶ男。娘２人は自殺、隠し子を友達に押し付けました。借金取りに追われるなかで責任を資本家と社会に押し付けた魂の叫び、それが「マルクスの資本論」です。すべてのことが誰かのせいであり、彼は最後まで悪者を仕立てることしかできませんでした。

マルクスの思想、それは不平不満の合理化である。これが資本論の根底にあり、その信者ともいえる共産主義者や社会主義者が日本の教育界にはびこってきました。これでは日本人の金融リテラシーが上がるはずもありません。日本は資本主義国であり、西側陣営の大国です。そもそもカネはカネであり、きれいも汚いもない。単なる道具にすぎないわけです。

愛さえあれば何もいらないといっても、現実にはお金がなければ生活は破綻します。戦争の原因も多くは資源の奪い合いであり、資源はお金に換算できる。そして、お金という道具をうまく使うには、最低限の知識が必要であるのは当然の話ともいえるのです。

本書は、お金とそれを動かすシステムについて、わかりやすく「Q&A形式」で解説した一冊です。できるだけ英語や専門用語を使わず、誰でも理解できるように解説いたしました。新聞やテレビなどメディアの情報を読むうえで、そして、投資や経済を読み解くうえで必要な知識と用語を一冊にまとめたものです。

皆様の人生というゲームに勝つ参考書として利用していただければ幸いです。

２０２３年８月下旬

渡邉哲也

はじめに――お金の教科書 3

1 お金の基礎知識

Q そもそもお金って何？
A 国家の「信用＝国力」で成り立っている〝共同幻想〟です 22

Q 金利と利子は違う？
A 「利子（利息）」は金額であり、その利率が「金利」です 27

Q リコースローンとノンリコースローンの違いは？
A 住宅ローンと不動産担保ローンの違いです。日本では前者が一般的で米国は後者が多いです 30

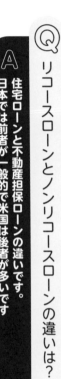

2 マクロ経済は国家の視点

Q 商品の値段は誰が決めているの？ 32
A 需要と供給のバランスで決まります

Q 価格と物価は同じ？ 35
A 「価格」はミクロ経済、「物価」はマクロ経済だから次元が違います

Q デフレとインフレって何？ 39
A 物価が継続的に上がるのが「インフレ」、下がり続けるのが「デフレ」

Q デフレスパライラルが銀行に与える影響をもう少し詳しく
A 資産価格の下落と景気の悪化が連鎖する「バランスシート不況」に陥ります
42

Q よく使われる「名目」と「実質」って何？
A 名目は額面通りの金額で、実質は物価の変動の影響を取り除いたものです
44

3 金融商品と銀行

Q 債券の金利はどう決まる？
A 通貨の誘導金利＋リスクプレミアム（付加金利）です
46

Q 株式の返済順位はなぜ低い 49
A 経営に関与しているということで責任が大きいからです。その代わり金利は高くなっています

Q 手形と小切手の違いは？ 52
A 大きな違いは手形は約束をもとに支払いを先延ばしにできることです

Q 銀行とは？ 54
A 個人から集めた預金を貸し出すことで金利差を稼ぐビジネスです

Q 「手数料ビジネス」が拡大している 58
A 銀行にとってはおいしいからですが、二重手数料であり、かつハイリスク商品。買うべきではありません

4 中央銀行の戦い

Q 「金融ビッグバン」で何が変わった?

A 金利の自由化、為替の自由化、金融商品を解禁し自由な市場を拡大しました

61

Q 「金融政策」って何?

A 国債を売買することで資金量の調整を行い金利を誘導することです

66

Q 「為替の自由化」で何が変わった?

A 銀行や取扱業者により為替レートが変わるようになり、円も国際通貨となりました

70

Q 「マイナス金利政策」は非常識？ 72
A 世界各地でも同様の政策がとられています

Q 金融政策と財政政策の違いは何？ 75
A 財政政策は政府が担当、増税や財政出動により景気をコントロールします

Q MMTは正しいか？ 80
A MMTを持ち出すまでもなく従来の金融政策で説明できます

Q 国債の価格が下がると金利が上がるのはなぜ？ 84
A 額面の金利は変わらないため、実質的に金利が上昇するからです

5

国家vs.国家、為替戦争

Q 日銀の「独立性」とは？

A 通貨の信用を担保するために財銀分離原則にのっとった地位で、完全に独立しているわけではありません

86

Q 円安と円高、どっちがいい？

A デフレでは円安のほうが有利なことが多いでしょう

90

Q 外国為替市場の役割は？

A 異なる通貨を交換する世界最大の金融市場です

96

6 国際金融の仕組み

Q SWIFTとは何？
A 海外への送金を可能にする世界最大の国際決済網です
101

Q 「国際金融のトリレンマ」って何？
A 世界経済で必ず知っておいたほうがいい法則です
104

Q 人民元が国際通貨になる可能性は？
A 自由な資本取引を制限している以上、難しいでしょう
107

Q 中国主導のAIIBはどうなっている？
A 仕組みが機能せずADBの〝下請け〟と化しています
110

7

国家VS.グローバル企業

Q 世界最大の機関投資家「GPIF」が株価に与える影響は？

A ありますす。しかしなるべく市場に影響を与えないようにしています

115

Q 暗号資産って何？

A 2種類あって、ドルなどの裏付けのある安全なものもあります

118

Q メタの「リブラ」構想はなぜつぶされたのか？

A 通貨発行権の侵害という国家の逆鱗にふれたからです

121

8 通貨覇権とウォール街 VS. シティ

Q そもそも「基軸通貨」って何？ 128
A 世界中で使うことができる国際通貨で、戦後は「米ドル」です

Q ドルが基軸通貨となった「ブレトンウッズ体制」とは？ 141
A 米ドルだけが金と交換できる「疑似的金本位制＝ドル本位制」です

Q なぜドルは暴落しないのか？ 146
A ドル支配体制は世界諸国にとってもメリットがあるからです

Q ウォール街とシティは対立しているの？ 150
A 対立も協調も。ウォール街を凌駕する取引も少なくありません

9 金融危機のメカニズム

Q 銀行がつぶれるときはどんなとき？
A 債務超過ではなく〝取り付け騒ぎ〟です 154

Q 投資信託とヘッジファンドの違いは？
A 投資信託は初心者向け、ヘッジファンドは富裕層向けです 157

Q 金融危機はなぜ起きるのか？
A 「フェイクマネー」が膨張し、信用バブルが崩壊するからです 165

Q バブルを膨張させた資産の「証券化」とは？
A メリットも大きいが、複雑化するにつれ危機の元凶になりました 169

10 強欲資本主義の崩壊

Q 「金融資本主義」の問題とは？
A 「強欲資本主義」とも批判され、超格差社会を生み出しました
174

Q どうしてグローバル金融機関はそんなに貪欲なのか？
A 富の収奪を目的とする〝植民地会社〟がその正体だからです
180

11 バブル崩壊後の行方

Q なぜバブルは弾ける？

A 膨れ上がった資産価格が臨界点となる「ミンスキーモーメント」を迎えるからです

184

Q 不動産バブル崩壊が終わるとどうなる？

A 不動産価格が適正化され新たな買い手が生まれます

187

12 利上げ、リスクの構造

Q なぜFRBは〝利上げ〟をするのか？　そのリスクは？ 191
A コロナ禍の世界異次元緩和によるインフレの後始末をするためです

Q 利上げに対する各国の対応は？ 196
A 新興国のデフォルトに備え新興国が協調して通貨の安全保障体制を整えています

Q 世界の金融商品リスクは？ 202
A「資産担保証券（ABS）」やデリバティブを利用した仕組債などです

13 金融制裁の威力

Q ドル支配体制の金融制裁を教えて
A IEEPA法やその対象となった人が載るSDNリストなど様々なリストがあり、取引が禁止されます
213

Q シティの金融制裁は？
A 保険・再保険市場から排除され航空も航海も完全麻痺です
219

Q 金を大量に購入すればドル支配から脱せられるのでは？
A 不可能です。金本位制は過去の遺物にすぎません
222

14 日本経済のリスクとチャンス

Q 日本はインフレ？
A コストプッシュインフレです。デフレから脱却するカギは賃金とエネルギー 226

Q コロナ後の財テクは？
A 安いときに買って高く売るのが財テク。バブル期には手を出さないほうがいいでしょう 232

おわりに──お金を学ぶということ 236

装丁・本文デザイン　木村慎二郎
本文イラスト　ｋｉｎａｋｏ

1 お金の基礎知識

Q そもそもお金って何？

A 国家の「信用＝国力」で成り立っている“共同幻想”です

◇通貨の3機能

お金には10円玉、100円玉、500円玉といった硬貨と、千円札、1万円札といった紙幣があります。そのようなお金のことを「通貨」といいます。

ちなみに紙幣と通貨は発行している主体が違います。

紙幣：日本銀行が発行している。
硬貨：政府が発行している。

硬貨は傷つけたり壊したりすると罪になります。これは通貨には非常時の資源確保の意味合いがあり、硬貨はアルミ、銅、ニッケルなど工業に必要な素材でできています。

逆に、日本銀行が発行する紙幣は燃やしても破っても罪になりません。また、火事などで燃えても確認が取れれば、日本銀行で新しい紙幣と交換してもらえます。

ふだん私たちが何気なく使っている通貨には、主に3つの機能があります。**①価値尺度、②交換・決済手段、③価値保存**です。

「価値尺度」とは、ある商品を価格という数値で示すことにより、まったく別種の商品やサービスを比較可能にすることをいいます。

自分が育てたトウモロコシを他のものと物々交換したくても、何が等価のものかがわかりません。でも100円という値段がつけば、100円で買えるあらゆるものが等しい価値を持つことになるのです。

これが通貨の「交換・決済手段」機能です。

「交換・決済手段」は3機能のなかでも一番重要な機能で、まさに通貨を通貨たらしめているものです。通貨の交換・決済が可能となることにより取引がスムーズになります。また通貨は市場を拡大させる機能を持ちます。

最後の「価値保存」とは、モノの価値を蓄蔵することができる、貯金のことを指します。トウモロコシはいずれ腐るけれども（＝無価値となる）、通貨であれば半永久的に保存可能です。

◇通貨は信用で成り立つ

通貨には3機能があることがわかりましたね。しかし、そもそもその通貨を成り立たせているものは何でしょうか？

それは**「信用」**です。

たとえば、金貨や銀貨なら、金や銀といった貴金属がそのまま価値になることはわかると思います。

では紙幣はどうでしょう。

ただの紙きれじゃないかという人もいます。それなのに1万円札は立派に流通し、千円札より価値があるとみんな信じています。なぜなら国家がそのような価値があることを保障してくれているからです。

国家が保証し、その使用を国民に義務付けた通貨を**「法定通貨」**といいます。

しかし法定通貨のなかでも国家によって信用のばらつきがあります。アメリカの「ドル」のほうが、北朝鮮の「ウォン」より信用ができそうです。その違いは「国家の信用＝国力」によります。

逆にいうと「信用＝力」さえあれば、牛乳瓶のフタも通貨にできる、ということです。〝ごっこ〟に夢中になっている子供たちが子供銀行券を疑っていないのと似たようなものでしょう。

◇信用があれば通貨はいらない？

信用があれば通貨として成り立ちます。信用を英語でいうと「クレジット」。クレジット・カードはお客の信用をもとにして生まれた決済サービスです。

これさえあれば手持ちの現金がなくても後払いを約束して買い物ができます。後払いといっても紐づいた預金の数字が減るだけで直接現金のやり取りをするわけではありません。

ここに注目すれば、**通貨というものがなくても決済が成立している**ことがわかります。

ほかにも口座預金と接続したデビット・カードや、チャージ（入金）して利用するスイカ、パスモ、エディのような便利な電子マネーも普及しています。

実際、企業間の取引では、ずっと以前から現金での決済はありませんでした。すべて銀行口座間のやり取りで、たとえばA社とB社が同じC銀行に口座を持っているなら、A社からB社に100万円支払うときは、C銀行の帳簿上で、A社の預金残高を100万円減らすかわりに、B社の預金残高を100万円増やすだけで済みます。

現金のやり取りを介さないという意味では企業間ではとっくに電子決済が行われていたのです。

程度の違いはあるものの本質的には技術の進歩によって現金のやり取り以外の決済が拡大しているといえます。

硬貨や紙幣といったモノとしての通貨がなくてもいい時代がすぐくる可能性があるのです。

ポイント

- 通貨には①価値尺度、②交換・決済手段、③価値保存の3機能がある
- 通貨は国家の「信用=国力」によって発行されている

Q 金利と利子は違う？

A 「利子（利息）」は金額であり、その利率が「金利」です

◇金利と利子と利息の違い

「利子（利息）」はお金を借りたときに返さなければならない金銭であり、そのさいに借入金額に対して**返済金の額を利率で表したものが「金利」**です。

たとえば、10万円を借りて金利が5％の場合、返済するときは元金の10万円に加えて5％にあたる5000円を利子として支払うことになります。

ちなみに**「利息」と「利子」は同じ意味を持つ**言葉です。

細かくいうと法律によって呼び方が変わるのです。利息制限法等の法律用語では「利息」が用いられ、所得税法では「利子税」や「利子所得」のように「利子」が用いられることが多いのです。

金融機関に預金をする場合は、受け取るのは「利息」と呼称するのが一般的です。

金利が「低い」場合、お金は借りやすくなります。お金が借りやすくなれば、借金した分だけ財布の中身が増えて個人なら消費をし、企業なら投資が活発になり、景気はよくなります。反対に金利が「高い」と、お金は借りにくくなり、消費や投資が減少し、景気が悪くなります。

一方、貸し手である銀行は資金が豊富であれば金利を下げて多くの人に貸し出そうとします。逆に手元資金が少ないと、金利を上げて貸し出しを絞ろうとするでしょう。

つまり、金利は銀行の資金量に影響されるのです。

国債のところで解説しますが、金利と混同されやすい言葉として「利回り」があります。

利回りとは、投資に対する利益の割合を指す言葉で、利息だけではなく売却損益も含まれます。したがって、利回りはマイナスになることもあるわけです。一般的に利回りは、一年間で得た利益の割合である「年利」を意味することが多いのです。

◇単利と複利

利息（利子）には、大きく「単利」と「複利」の2種類があります。

①元金に対してのみ利息を計算するのが単利であり、②元金に利息を加えた金額に対して、次の利息を計算するのが「複利」です。

たとえば、10万円を年５％の金利で５年間預金したとします。単利であれば元金である10万円に対して計算されるため、毎年５０００円の利息を受け取ることになります。

これが複利だと年ごとに金額が増えていくのです。１年目は元金の10万円に対する利息で単利と変わりませんが、２年目は元金に１年目の利息を加えた10万５０００円に対して利息が計算され、11万２５００円を受け取ることができます。

３年目、４年目、５年目も同じく、「元金＋利息」で利息が計算されるため、単利より複利のほうが受け取る金額は多くなります。

いずれにせよ利息が発生することによりマネーがマネーを生むのです。

ポイント

- 金利を上げると貸し出しが減り、下げると貸し出しは増える
- 単利よりも複利のほうが受け取る利息は大きくなる
- 利息が発生することによりマネーがマネーを生む

Q リコースローンとノンリコースローンの違いは？

A 住宅ローンと不動産担保ローンの違いです。日本では前者が一般的で米国は後者が多いです

◇住宅ローンと不動産担保ローン

不動産購入のさいのローンとして、日本では住宅ローンが一般的です。これはリコースローンといい、人が融資の主体であり、不動産は担保にすぎません。このため、払えなくなった場合、担保を売却しても残債が残れば個人が払い続けなければなりません。

それに対して、米国では不動産担保ローンが一般的です。

これはノンリコースローンであり、融資の対象は不動産です。ローンの契約者はそれを払い続ける限り、住宅に住み続けることができ、ローンを完済すれば完全な所有権を得ることができます。

ノンリコースローンでは、住宅を明け渡し、鍵を返せば残債は残りません。

このため、不動産価格がローンの残債額よりも安くなった場合、銀行に鍵を引き渡し、転居する人が大量に生まれることになります。これは安くなった新たな物件に移り住んだほうが得だからです。

実際、サブプライム問題、リーマンショックでは、一気に住宅価格の下落が発生するとともに銀行の不良債権が急増しました。米国においては住宅も商品の一部でしかないのです。

ポイント

- 人が融資の主体であり不動産を担保にしたものが「住宅ローン」。不動産を融資の対象としたものが「不動産担保ローン」
- ノンリコースローンの場合不動産価格がローンの残高より安くなると転居する人が増える

Q 商品の値段は誰が決めているの？

A 需要と供給のバランスで決まります

いくら銀行の資金量が豊富でも、借りたいと思う人々の需要がなければ、銀行業は成り立ちません。したがって**金利は貸し手側の「資金量＝供給」と借り手側の「ニーズ＝需要」のバランスで決まる**のです。

同様に、商品の値段（価格）も「市場における需要と供給のバランスで自動的に決まる」というのが、教科書で習った有名な「神の見えざる手」です。

そのメカニズムを考えてみましょう。

◇需要と供給

需要とは、ある商品やサービスの購入を望む人々の数です。供給とは、ある商品やサービスを販売しようとする企業の数です。

需要サイドの消費者は、なるべく安く多く買いたいと思う傾向があります。一方、供給サイドの生産者はなるべく高く多く売って利益を得たいと考えます。

つまり、価格において消費者と生産者が求めるものは真逆なのです。

消費者は安く買いたいと思う半面、その商品の数が少なければ高くても仕方がないと思います。生産者はライバル社が多いと商品価格を下げて売り上げを確保せざるをえなくなります。

つまり、ある商品の需要の量と供給の量のちょうどいいバランスが価格を決めるのです。

そのちょうどいいモノの値段を**「市場価格」**といいます。

◇価格の上下も需要と供給

モノの価格の上下も需要と供給の関係で説明できます。価格が上昇する要因として次の2つの可能性が考えられます（両方ある場合も）。

一つは需要の減少。もう一つは供給の過剰です。

つまり需要サイドと供給サイドの2つの要因があるということです。

需要サイドの理由としては、テレビや雑誌で紹介されたことで急激に需要が伸びれば品薄になり、価格が上がる可能性があります。

また供給サイドの理由としては、原材料やエネルギー価格が上昇することにより、値上がりしたのかもしれません。

いずれにせよ供給に比べ需要が大きくなる＝**「需要＞供給」だと値上がり**します。反対に需要が増大し、供給が減少する**「需要＜供給」だと値下がり**するのです。

ポイント

- 需要と供給のバランスで決まるのが「市場価格」
- 値上がり値下がりも需要と供給が影響

2 マクロ経済は国家の視点

Q 価格と物価は同じ？

A 「価格」はミクロ経済、「物価」はマクロ経済だから次元が違います

◇個別価格と一般物価

通常、私たちは個々の商品が値上がりすると、「物価が上がった」と感じます。しかし、じつはこの値上げは**「個別価格」**が上がったにすぎず、本来、物価と呼ばれる**「一般物価」**が上がったとは限らないのです。

スナック菓子「うまい棒」の値上がりが話題になりましたが、それはメーカーの都合によるものかもしれません。物価というのは個別の商品ではなく、各商品の価格の上下を総合した指標であり、理論上はすべての物価を表します。

したがって、個別価格は各店舗で値札によって表示されていますが、「一般物価」は政府が統計や数式をもとに発表する**「抽象的な数字」**です。

このような**個別価格と一般物価の違いは「ミクロ経済」と「マクロ経済」の違い**でもあります。

ミクロ経済学は、企業、家計、政府など個々の経済主体の行動を具体的に分析するのに対し、マクロ経済学は、国家全体の経済活動を分析します。

「部分と全体」という大きな違いがあるのです。

マクロ経済学の指標は「一般物価」であり、需要と供給も、「総需要」と「総供給」で表します。

物価が継続的に上昇する「インフレーション（インフレ）」や物価が継続的に下降する「デフレーション（デフレ）」もマクロ経済学の領域です。

マクロ経済学によって**「国家における経済政策」**という視点、〝支配者の視点〟を獲得することができるのです。

◇「総合」と「コア」と「コアコア」

いま「一般物価」とは、すべての物価のことだと述べました。もちろん、すべての物価を調べることはできないので、よく消費されている600品目をピックアップし、その価格に応じた加重平均により指数化しているのです。

この指数が、基準年を100として、上がったか下がったかを見るのが**「消費者物価指数（CPI）」**です。これは**「総合指数」**とも呼ばれ、総務省が毎月発表しているものです。

さらに、より物価変動を把握しやすくするため、季節の変動を受けやすい生鮮食品を除いた**「コアCPI」**があり、ここからさらにエネルギーを除いた**「コアコアCPI」**という指数もあります。

じつは**世界の中央銀行が使用する物価とはこの「コアコアCPI」を指しているの**です。

ところが日本では、コアCPIで定められており、これにはエネルギーが含まれているため、石油製品などのエネルギー価格の変動による影響を受けやすくなっています。

ウクライナ戦争やSDGsの影響でエネルギー価格が上昇している今はコアコアCPI

で見たほうが間違わないでしょう。

インフレかどうかは、日本ではコアCPIの上昇で測りますが、海外では世界基準のコアコアCPIが4～6％になって初めて「インフレ」だと認識するのです。

ポイント

・個別価格は「部分」、一般物価は「全体」
・マクロ経済学によって「支配者の視点」が得られる
・世界基準の物価指数は「コアコアCPI」だが日本は「コアCPI」

Q デフレとインフレって何？

A 物価が継続的に上がるのが「インフレ」、下がり続けるのが「デフレ」

◇物価

需要と供給のバランスにおける「物価」の問題も、マクロ経済では「お金の量」と「モノの量」で単純化することができます。

つまり、**カネの量に比べモノの量が多いと物価は下がる。反対に、カネの量に比べモノの量が多いと物価は上がる、**ということです。

たとえば、モノ100個とカネ100枚で釣り合っているとき、モノの量が300個になり、カネが100枚のままであるとすれば物価は下がり、反対にモノ100個に対してカネが300枚になると物価は上がるわけです。

その**物価が「継続的」に上がり続けることをインフレ、反対に「継続的」に下がり続け**

ることをデフレといいます。

デフレという現象をごく簡単にいうと、昨日の100円が今日は110円に価値が上がることをいいます。

つまり消費者にとって10円お得になった分、商品を売っている企業にとってはそのままマイナスになることを意味します。つまり企業の利益が10円下がってしまうのです。

企業の利益が下がれば、従業員の給料は上がらないし、最悪のケースでは従業員はリストラにあうかもしれません。

そうなると、消費者は買い物を控えるようになり、お金を貯蓄にまわします。

消費が減れば企業の利益はますます下がる、という悪循環に陥ることが「デフレスパイラル」です。これがバブル崩壊後の日本を悩ませ続けてきた長期デフレの正体です。

反対にインフレとは、モノの値段が上がり続ける現象です。教科書で習ったように第1次世界大戦後に起きたドイツの**「ハイパーインフレ」**が有名です。

当時ドイツ・マルクは、わずか一年の間に対ドルレートが7ケタ以上も下落しました。

今の状況にあてはめると、1ドルを約130円で交換できていたのが、一年後には1億3000万円ださないと1ドルと交換できないほど通貨の信用が暴落したのです。

消費マインドということでいえば、モノの値段が低下し続けるデフレ下では、「今、モノを買おう」という意欲が湧きづらいのですが、モノの値段が上昇し始めてインフレ基調になると、「安いうちに買っておこう」という気持ちになります。

「景気は気から」といわれるように、数値には表しにくい**人間の「マインド」がお金の流れに影響を与える**ことも、見逃せないファクターです。

ポイント

- 物価が継続的に下がり続けることをデフレ、上がり続けることをインフレという
- 日本は30年以上デフレ経済に苦しめられてきた
- デフレは消費マインドも冷却させる

Q デフレスパライルが銀行に与える影響をもう少し詳しく

A 資産価格の下落と景気の悪化が連鎖する「バランスシート不況」に陥ります

◇バランスシート不況

景気が悪化したり資産バブルなどが崩壊すると、銀行は不良債権の増加を恐れお金の貸し出しを抑えます（貸し渋り貸しはがし）。また、企業や民間も投資や支出を抑えます。それが消費を冷え込ませ、需要を減退させます。結果的に需給バランスが崩れ、さらに価格を下落させるのです。

たとえば、銀行の住宅ローンですが、バブル崩壊が起きると担保評価割れになるわけです。ローンの支払いが続く限り、これは問題になりませんが、**景気の悪化でローンを払えない人が急増するとこれが大きな問題**になるのです。

銀行は担保権の実行を行い担保物件を手に入れます。しかし、それを売却しても、ローンに見合う価値がないのです。ここで評価損が実損になるのです。そして、そのような物件が急増することで、不動産価格の下落をさらに促進させます。

また、更なる下落を恐れた投資家や銀行などが、利益確定のために売却を急ぐわけです。これが並行することで一気に価値が失われていくのです。

バランスシートをきれいにしようとすればするほど、資産価格の下落と景気の悪化が連鎖する。これがバブル崩壊とバランスシート不況ということになります。

ポイント

・銀行がバランスシートをきれいにしようすればするほど不況となる

Q よく使われる「名目」と「実質」って何？

A 名目は額面通りの金額で、実質は物価の変動の影響を取り除いたものです

◇「名目」と「実質」

経済成長を表す指標のＧＤＰには名目ＧＤＰと実質ＧＤＰの２つがあります。この違いを次に説明しましょう。

実質ＧＤＰとは書いて字のごとく「実質的なＧＤＰ」ということです。

たとえば、昨年のＧＤＰが１００万円で今年のＧＤＰが１１０万円だったとしたら、単純計算で10％成長したことになります。

これを名目ＧＤＰ成長率といいます。

しかし、その一年の間に物価が動いていたとしたらどうでしょう。去年と今年を金額だ

けでは単純比較ができないのです。

その**物価変動を考慮して計算しなおしたものが、実質GDP成長率**です。

仮に物価変動分がプラス5%だとすれば、その調整を加えた実質GDPは10%－5%＝5%となります。つまり今年の実質GDPは105万円となるのです。

また、名目金利と実質金利もよく使われます。仮に金利が3%だとしても、物価が1%上がっていれば、「実質金利」は3%－1%＝2%となります。

このように名目より実質のほうが経済の実体をとらえることができるのです。

ポイント

- **実質GDPも実質金利も物価変動の影響を取り除いた数値**
- **実質GDPのほうが経済の実体をつかめる**

3 金融商品と銀行

Q 債券の金利はどう決まる?

A 通貨の誘導金利+リスクプレミアム(付加金利)です

◇債券

国や企業などの資金調達手段には、「債券」と「株式」が存在します。

債券とは、「一種の借用証」であり、発行時に期限、金利、額を決定します。過去には紙で債券が発行されていましたが、現在ではデジタル化が進み電子債券も増えています。

また、債券は売買対象となっており、額面と別の価格で債券市場で売買されています。

そして、リスクが高くなると債券価格が下落することになります。

基本的に債券金利は発行する通貨の誘導金利（政策金利）＋リスクプレミア（付加金利）となっており、中央銀行が利上げをすると、それぞれの債券の発行金利も上昇します。

基本的にリスク（＝金利）は償還までの期間が長期になれば高くなり、短期であれば低くなります。

このため、短期の債券を発行し、それを借り換える（ロールオーバー）して、資金繰りをしている企業などが多いのが実体といえます。

また、リスクプレミアは各発行体の健全性などにより判断され、格付けも大きな影響を与えます。

市場で売買されている債券は、２つ以上の登録格付け業者（金融庁登録）により格付けされており、格付けが債券価格に大きな影響を与えます。

各格付け業者は健全性や返済可能性などを総合判断し、格付けを行うわけですが、一定以下の格付け（投資不適格）となった場合、年金や保険など安定性を求められる投資主体は保有することができないルールとなっています。

これを「堕天使化《だてんしか》」と呼び、そのような債権を「ジャンク債」「ハイイールド債」と呼びます。

また、現在、債券には様々なものがあり、金融工学などを利用した「仕組債」などが多数発行されています。サブプライム問題で問題になった債券も仕組債であり、複合債券の一種ということになります。

ポイント

・債権は債券市場において額面と別の価格で売買されており、リスクが高くなると金利も上がり債権の価格が下落する
・また、格付け業者の「格付け」がリスクプレミアムに大きな影響を与えている
・一定以下の格付けとなったものを「堕天使化」といい、「ジャンク債」「ハイイールド債」と呼ばれる

Q 株式の返済順位はなぜ低い

A 経営に関与しているということで責任が大きいからです。その代わり金利は高くなっています

◇株式

現在、多くの企業は株式会社であり、大企業の多くは上場企業になっています。

その一方で大企業であっても上場していない企業も存在します。逆に新興企業などで規模が小さくても上場している企業も存在します。

株式というのは、企業の資金調達の手段であり、業容拡大の道具でもあります。

その一方で債券と違い、オーナーの一部となるため、株主総会等での発言権を得ることができ、会社の経営に口を出すこともできます。

このため、**大企業であっても独立した経営を維持するため、上場しない企業もある**のです。また、経営に関与していることから、破綻した場合の責任順位が高く、償還順位が低

いのも特徴です。

◇破綻した場合の返済順序

返済順序は、

担保付債券（担保分のみ）＞無担保債券＞劣後債＞優先株＞普通株

となります。

劣後債とは、一般の債券に比べ返済順位が低い代わりに金利が高い債券です。そして、劣後債のなかには、CoCo債のように、一定のトリガーにかかった場合、自動的に株式に転換されるものもあります。

これをデット・エクイティ・スワップ（DES）と呼びます。

◇DES

債務が株式（資本）に変わることで、自己資本が増加し、債務が減少する。これは企業の破綻時や破綻防止のための手段として用いられるもので、一部の劣後債や優先株は債券であり、資本でもあるという二面性を持った債券といえます。**リーマンショック後、多く**

の銀行などがこれを発行し、**自己資本を増強**しました。

ポイント

・破綻した場合の返済順序は、担保付債券（担保分のみ）＞無担保債券＞劣後債＞優先株＞普通株

・劣後債のなかには一定のトリガーにかかった場合、自動的に株式に転換されるものもある

Q 手形と小切手の違いは？

A 大きな違いは手形は約束をもとに支払いを先延ばしにできることです

◇手形と小切手

手形とは、額面上の金額を一定の期日までに支払うと約束した証書のことで、手形も小切手も、専用の用紙に自分の名前と金額を記載して相手に渡す点では共通です。

その違いとしては、小切手は受け取った人がすぐに現金化できるのに対し、手形は原則として支払期日にならないと現金化できません。そのさい、小切手は当座預金残高をもとに振り出しますが、手形は当座預金残高がなくても振り出せるという違いもあります。

つまり手形は、たとえば「今はお金がないけれど、3カ月後にはお金が入るから、それで支払いますよ」との約束により振り出されるものです。これを「約束手形」といいます。

ポイント

・小切手は銀行への当座預金残高をもとに振り出し、手形は約束をもとに当座預金残高がなくても振り出せる

Q 銀行とは？

A 個人から集めた預金を貸し出すことで金利差を稼ぐビジネスです

◇銀行

銀行とは、個人から預金を集め、それを貸し出すことで金利差を稼ぐのが本来のビジネスです。

預金金利と貸出金利の差が銀行の利益であり、それを運用することで利益を出してきました。しかし、金融自由化や資金調達の多様化、長期にわたる低金利により、そのビジネスモデルが壊れてきています。

かつて企業の資金調達のほとんどが銀行借り入れであり、銀行は企業の資金を融通することを主なビジネスとしていました。

しかし、現在では、資金調達手段が多様化し、大企業などでは債券（社債）を発行するのが一般的になっています。

また、外国為替に関しても、金融ビッグバンにより自由化され、商社や大企業などでは直接為替業務を行う企業が多くなりました。このため、従来型の銀行ビジネスは成立しなくなってきているわけです。

そして、もう一つの大きな役割である送金と決済に関しても、クレジットカードの普及やスマホ決済などが増加し、銀行そのものが現金を取り扱う役割は低下しています。

ただし、クレジットカードやキャッシュレス、スマホ決済なども多くを銀行子会社などが手掛けており、最終的には銀行口座から資金が引き出されます。

ここで問題となるのが、自己でクレジットカードや決済システムを持つメガバンク以外の銀行ということになります。

かつて、日本には多くの都市銀行（県を跨《また》いで営業できる）、地方銀行（県内のみで営業できる）、相互銀行（無尽を発祥とする現在の第二地銀）、信用金庫や信用組合（地域や職場単位で組合員のみが利用できる）がありました。

バブル崩壊以降、**都市銀行は合従連衡《がっしょうれんこう》を重ね現在は三大メガバンク（東京三菱UFJ、三井住友、みずほ）となり、それに追従する形でりそなが存在**します。

そして、地方銀行は相互銀行が廃止され、第二地銀となり、地方銀行という一つのくくりでグループ分けされるとともに、県を跨いではいけないという規制も撤廃されました。そして、現在、大規模な再編が起きています。

地方銀行の多くは、独自の決済システム（クレジットカードやキャッシュレス決済）を持っておらず、メガバンクやバンクカード（地方銀行が共同でつくったクレジット会社、現在は一部の銀行のみが採用）に業務を依頼している構造です。

このため決済における収益性が低いのです。また、ネット決済などに関しても、多額の投資が必要になるため、遅れていたり投資できないのが現状であり、時代についていけなくなっています。これは信用金庫や信用組合にもいえることです。

ただし、信用金庫や信用組合の多くは地域密着型の金融サービスを提供している側面があり、なくせない側面もあります。

このため、**金融庁などは「水平合併」（地方銀行と他の地方銀行の合併）や「垂直合併」（地方銀行と地域信用金庫などとの合併）を推し進め**ており、規模のメリットによる合理化に向けて動いています。

都市銀行の問題は、「大都市には支店がたくさんあるが、地方には少ない」点であり、いまだ銀行窓口の必要性があるため、地方の金融機関の必要性はあるのです。

ポイント

・地方銀行の多くは、独自の決済システム（クレジットカードやキャッシュレス決済）を持っていない
・三大メガバンク以外は時代についていけなくなっている
・金融庁は「水平合併」や「垂直合併」を推進している

Q 「手数料ビジネス」が拡大している

A 銀行にはとってはおいしいからですが、二重手数料であり、かつハイリスク商品。買うべきではありません

◇地方銀行問題

稼ぐ手段を失いつつある地方銀行は、手数料ビジネスを拡大していきました。自由化され販売できるようになったファンドや債券や保険の販売です。

しかし、ほとんどの地方銀行では、自ら債券ディーリングをできる人材も部署もありません。また、複雑化している債券やファンドの組成などできません。

地方銀行では、証券会社や他社がつくった商品を販売しているだけにすぎません。この時点で顧客は二重に手数料を払っていることになります。

また、商品を説明できる銀行員もほとんどいないのが実態です。問題になったのが地方銀行による「仕組債」販売問題で、リスクが高く知識が必要な商品を商品知識のない行員

がリスク説明をせず、一般の顧客に売っていたというものです。

なぜ、地方銀行がそのようなハイリスク商品に手を出すかといえば、手数料が高いからであり、銀行にとって非常においしい商品であるからです。

特に外貨建ての商品などでは、商品の販売手数料だけでなく、為替の手数料も往復で得られることになります。

また、それは顧客にとって魅力的に見える商品でなくてはいけません。そのため「表面金利が高く、手数料が大きい」つまり、非常にリスクの高い商品を販売していたわけです。

金融庁はこの問題に関して、過去にも何度も警告を出していました。また、地方銀行に対して、それぞれの販売手数料を顧客に開示するように求めていました。

しかし、地方銀行などの反対でこれがなかなか進まなかったのです。

国内の売れ筋上位5本の投資信託の販売手数料は平均3・20％。これに対し、米国は0・59％にすぎません（2016年3月末時点）。

銀行窓口で販売されている複雑な商品設計の外貨建て一時払い保険は、他の金融商品より手数料が高く、2015年度は主要行・地銀の計21行平均で7％に迫りました。地方銀行が販売していた商品でもっとももひどいものでは販売手数料が15％近い商品までありました。

現在のような低金利下でそのような商品で利益を出せるわけがありません。

たとえば、100万円投資したつもりが購入した時点で85万円しか元本がないわけです。これでは安定投資では元本を満たすことは難しいでしょう。さらに毎年運用手数料などをとられるわけで、割に合うわけがありません。

仕組債の販売で金融庁による調査が入ったことで、仕組債の販売を取り扱っていた半数以上の地方銀行がこの販売を取りやめました。

また、その後の一部銀行の処分によりほとんどの銀行が取り扱いを停止しました。最初から売ってはいけない商品だったのです。

地方銀行で金融商品を買うべきではないというのが一つの答えといえます。

ポイント

- 地方銀行は証券会社や他社がつくった商品を販売しているため手数料は二重で高い
- しかも銀行員がハイリスクの商品に対する説明をきちんと行っていない
- 手数料が高いうえ低金利なので利益を出せるはずがない
- 地方銀行で金融商品は買うべきではない

4 中央銀行の戦い

Q 「金融ビッグバン」で何が変わった？

A 金利の自由化、為替の自由化、金融商品を解禁し自由な市場を拡大しました

◇金融ビッグバン

これまであった銀行業、証券業、保険業の垣根を取り払うとともに、為替の自由化、証券化商品やデリバティブ取引を解禁し、より自由な市場をつくる、というのが金融ビッグバンです。

また、これまで規制業種で参入が難しかった金融市場に新たなプレーヤーを呼び込むものでもありました。

◇金利の自由化

それまで銀行は、日銀から銀行が借り入れるさいの金利「公定歩合」を基準金利として、預金金利、定期預金金利を決定し、貸付金利もほぼ横並びでした。

つまり、どこの銀行に預けても同じ利息であり、横並びの金利だったわけです。

しかし、2006年に「公定歩合」から「基準割引率および基準貸付利率」に変更され、金利の自由化も進みました。これにより、**銀行によって金利が違う**状況になったのです。

また、外資や外国銀行の参入、異業種からの銀行業、証券業、保険業への参入も進みました。

銀行にとってはバブル崩壊の次に来た荒波といえます。この流れを受ける形で銀行の淘汰も進んでいきました。

ここにおける大きな変化は、銀行間市場の役割が急激に拡大したことです。これまで銀行は日々の決済資金が不足すると日銀から金を借りていました。しかし、この変化により銀行間市場（インターバンク）でお金を調達するようになりました。

◇コール市場と短期金融市場

銀行間では資金のやり取りが毎日行われています。

これは顧客による引き出しや送金などが主な理由ですが、毎日プラスマイナスゼロにする必要があるのです。そして、資金が足りない銀行は銀行などが主な参加者である銀行間市場で資金を調達します。余っている銀行から資金を借り入れるわけです。このさいの**借入金利（中央平均）**を**「銀行間貸し手金利」**と呼びます。

ここで取引する資金には、もっとも期間（ターム）が短いもので「オーバーナイト」があり、銀行だけが参加する市場を「コール市場」、銀行以外も参加できる市場を「オープン市場」と呼びます。中央銀行はコール市場の参加者として金利を調整するのです。

銀行間貸し手金利の算出法は、貸し手銀行が提示する金利（無担保物）の上下25％を排除し、中間の50％の金利の平均を出すというものです。

この国際的な基準となってきたのが、ロンドン銀行間貸し手金利（LIBOR）でした。ロンドン市場では、主要な5通貨（米ドル・英ポンド・スイスフラン・ユーロ・日本円）

の取引が行われ、この金利が世界的な通貨別の金利基準となっていたのです。円に関しては「円ＬＩＢＯＲ」と呼ばれ、国際的な金融市場の基準金利となっていました。

しかし、リーマンショック後に不正が発覚し、取引量も少なく各国の実態を反映していないという意見も強まり、日本円、英ポンド、ユーロ、スイスフランに関しては２０２１年末で、ドルに関しては２０２３年６月で廃止されました。

現在では各国が代替え指標を利用しています。日本では２０２１年４月から、「東京ターム物リスク・フリー・レート」（英語名：Tokyo Term Risk Free Rate、略称「ＴＯＲＦ」）が公表されています。

そして、ここで大きく変わったのが中央銀行の役割です。これまで直接的に銀行に貸し出していた形から、銀行間市場に介入する形に変化したわけです。

借り手が多く貸し手が少なければ金利は上がります。逆に貸し手が多く借り手が少なければ金利は下がります。中央銀行が決めた「誘導金利」に合わせ、プレイヤーの一人として、資金を貸し出したり借り入れたりすることで金利を調整するのです。

ポイント

・銀行・証券・保険の垣根を取り払い、金利の自由化、為替の自由化、証券化商品やデリバティブ取引を解禁し、より自由な市場をつくったのが金融ビッグバン
・金利の自由化により日銀の金融政策も変わった

Q「金融政策」って何？

A 国債を売買することで資金量の調整を行い金利を誘導することです

◇最後の貸し手

金融危機が起きると、市場から貸し手がいなくなります。これを「金融麻痺（クレジットクランチ）」と呼びます。

このようなさいには中央銀行が大規模な資金供給を行いこれを改善します。

また、危機を引き起こしている金融機関などに対して、直接的な貸し付けを行ったり、救済合併を進めるなど「管理された破綻」を進めることになります。これは各国の規制当局と中央銀行が一体となって対処する仕組みになっています。

繰り返しになりますが、「銀行の破綻原因は取り付け騒ぎ」であり、資金の枯渇です。信用不安が発生すると一気に預金の引き出しが発生し、銀行は預金の多くを貸し出しに回しているため、払い戻しに応じられなくなります。同時に保有する資産を急いで現金化する過程で、損失が発生するため、その損失に耐えられなくなるのです。

この状況を救うのが「最後の貸し手」である中央銀行ということになります。

◇買いオペ・売りオペ

それに対して、経済に大きな影響を与えるのは長期金利ということになります。設備投資や住宅ローンなど長期の貸し付けが減れば、景気への中長期的な影響が大きくなるのです。コール市場など短期金融市場では一年未満、長期金融市場ではそれを超える資金の貸し借りが行われます。

長期金利に関しては、中央銀行が直接介入する形ではなく、全体的な資金量を変化させることで調整を行っています。

中央銀行が国債を売買することで資金量の調整を行い金利を誘導するのです。中央銀行が国債を買う（買いオペ）と中央銀行はその代金を銀行に支払うことになりますから、市中の現金が増える（金利が下がる）ことを意味します。

それに対して、中央銀行が国債を売る（売りオペ）と、買い手が現金を中央銀行に払うことになりますから、市中の現金が減少（金利が上がる）します。

日本では、デフレ対策として「量的緩和」が行われました。これは日銀が国債など大量の債券を購入し、市中に現金を供給するというものですが、それがなかなか「国内投資」に向かわず、効果は限定的なものになっていました。

その理由は様々ですが、大きな理由としては金融ビッグバンが上げられます。

金融ビッグバンにより円は国際通貨となり、その資金が海外に流出してしまうからです。金利の安い円で資金を調達し、他国に投資する。円キャリートレードなどもその要因の一つといえます。

また、のちに詳しく述べますが、それは為替を大きく動かす効果もあります。海外に投資するには、調達した円を売りドルに換える必要があるからです。

つまり、**円売りドル買いが発生し、円安方向に動く**ことになります。アベノミクス「三本の矢」の一つ「量的緩和」は、日本に円安を呼び込みました。これにより、日本企業の国際競争力が上がったことも確かであり、輸出企業や海外展開企業の倒産を防止できたことも事実です。

自国通貨が安い＝賃金など自国通貨建てで払われる金額が安くなる。また、日本企業は円で決算するため、輸出企業の海外売り上げや海外資産の円建て評価が上がる（為替効果）。

これにより、円高に苦しんでいた企業のバランスシートが一気に改善されたのです。

ポイント

・市場から貸し手がいなくなる「金融麻痺（クレジットクランチ）」が起きたとき、「最後の貸し手」となるのが中央銀行
・デフレ対策として実施された「量的緩和」の効果は限定的
・市中に現金を増やすのが買いオペ、減らすのが売りオペ
・アベノミクスにより円安となり日本企業の国際競争力が高まった

Q 「為替の自由化」で何が変わった？

A 銀行や取扱業者により為替レートが変わるようになり、円も国際通貨となりました

◇為替自由化

金融ビックバンで為替も自由化され、これまで管理されていた外国為替が自由にできるようになりました。

このため、銀行や取り扱い会社により、為替レートも違う状態となるとともに、ＦＸ業者などの参入も相次ぐようになったのです。これにより、為替の世界にも競争という荒波が訪れました。

そして、これまで日本独自の管理された通貨であった円は、国際通貨の一部となったのです。誰でも自由に売買できるようになり、変動幅も大きくなりました。これは規制当局にとってはコントロールが難しくなったことを意味します。

為替を決める大きな要因は、ドルとの金利差であり、量とリスクということになります。ドルとの金利差が拡大すれば、円で資金調達し、ドルで運用する動きが強まります。誘導金利は、円がゼロ、ドルが5％であれば、銀行など機関投資家などは5％の金利を稼げるわけです。このため、円売りドル買いが発生し、円安に動きます。逆に金利差が縮小すれば、儲けが減少するため、逆の動きが起こります。ドル売り円買いが発生し、円高方向に動くわけです。

また、多くの機関投資家は、ヘッジのため調達のさいに為替予約や先物で利益を確定させます。このため、長期の金融政策の予測も為替に大きな影響を与えます。

ポイント

- 外国為替が自由に取引できるようになりFX業者などが相次いで参入するようになった
- 円が国際通貨の一部となったため規制当局のコントロールが難しくなった
- 円とドル為替を決めるのは量とリスクが決める金利差

Q 「マイナス金利政策」は非常識？

A 世界各地でも同様の政策がとられています

◇マイナス金利政策

準備預金制度とは、対象となる金融機関に対して、「受け入れている預金等の一定比率（これを「準備率」といいます）以上の金額を日本銀行に預け入れること」を義務付ける制度です。

このようにして日本銀行に当座預金または準備預り金として預け入れなければならない最低金額を「法定準備預金額」（または所要準備額）といいます。これは金融の安定化のためであり、かつては預金準備率を変更することで市場の資金量を調整していました。

しかし、1990年代に入り金融調整が無担保コールレートが主たる操作目標になるなかで、その金融調整の役割は形骸化しています。

基本的に当座預金とは、事業用の決済口座のことであり、小切手や手形の決済などに利用されています。そして、普通預金と違い金利（利息）はつきません。これは日銀の当座預金も同様でした。

しかし、リーマンショック後の特別な救済処置として、0.1%の利息がつけられていました。そして、これはリーマンショックの影響が収束してからも継続していました。ただ、それでは、銀行はリスクをとって貸し出しをしなくても利益を得られることになります。そして、多くの銀行は日銀当座預金を積み上げていったのです。

これでは日銀がいくら量的緩和をしても、それが市中にまわらず日銀の当座預金に戻るだけということになります。これを解消するために行われたのが「マイナス金利政策」ですが、一度にすべての預金額にマイナス金利を適用すると市場が混乱するため、段階的に解消に向けて動きました。

これは日本の例ですが、世界的にも各地で同様の政策がとられています。**本来の「マイナス金利」とは銀行が中央銀行に預けるお金にマイナスの金利をつけるもの**であり、これにより、中央銀行への還流を防ぎ、市中での貸し出しを増やさせるために行われます。

ポイント

・金融機関は中央銀行の一定比率の預金が義務付けられている（準備預金制度）
・銀行の貸し出しを増やすのがマイナス金利政策

Q 金融政策と財政政策の違いは何？

A 財政政策は政府が担当、増税や財政出動により景気をコントロールします

◇アベノミクス

金融政策と財政政策の違いは、担当当局が違うことです。金融政策は日銀が担当し、財政政策は政府が担っています。

第2次安倍政権が打ち出した「アベノミクス」を例にその違いを解説しましょう。

アベノミクスの「三本の矢」とは、①金融政策、②財政政策、③成長戦略のことです。

2013年1月、日銀は、金融政策は物価が「2％」になるまで金融緩和を行い続ける「インフレ・ターゲット（目標）」を掲げました。同年4月、日銀は「異次元金融緩和」の導入を決定します。具体的には、

（1）長期国債買い入れの拡大と年限長期化

（2）上場投資信託（ETF）、不動産投資信託（J－REIT）のリスク性資産の買い入れの拡大（投資信託やJ－REITについては後述します）

これは「量的・質的金融緩和」ともいわれていますが、（1）が量的で（2）が質的緩和です。

これにより、資金供給量が2年間で2倍となるペースで拡大させました。

2014年10月には（1）の国債購入ペースを年80兆円に倍増。

2016年1月、日銀当座預金の一部金利をマイナス0・1％に引き下げる「マイナス金利政策」を新たに導入。同年7月には（2）のETF購入ペースを年6兆円にアップ。

同年9月、「長短金利操作（イールドカーブ・コントロール）」を導入。

「イールドカーブ」とは、短期から長期までの国債の金利（イールド）の期間構造を一本の曲線（カーブ）で表したグラフのことを指します。

イールドカーブ・コントロールは、短期金利を操作することにより長期金利を調節する従来の金融政策とは違い、長期国債の買い入れにより直接長期金利を誘導することを狙ったものです。これにより政策の軸足を「量」から「金利」に戻したのです。

アベノミクスの代名詞がこれらの金融緩和で雇用環境が改善し、円安による輸出回復、株価の上昇など一定の評価をされました。

しかし皮肉にも、日銀の金融政策の邪魔をしたのはアベノミクス2本目の矢である「財政政策」だったのです。

消費税増税を2回にわたって行ったのです。

2014年4月に消費税を5％から8％に、2019年10月にはさらに10％へと引き上げました。

本来、金融政策と財政政策は協調して行うことにより、効果を増します。しかしアベノミクスでは、**金融政策ではアクセルを踏み、財政政策ではブレーキを踏む**ようなことを行いました。そのような運転をした車がどうなるかはいうまでもありません。案の定、消費増税は日本経済を大きく冷え込ませる結果となりました。

デフレを脱却するためには、増税とは反対に、減税や公共投資の拡大といった財政政策こそが必要だったのです。

◇財政政策

「財政政策」とは、政府が支出と徴収を通じて景気をコントロールすることです。

金融政策と財政政策では担当当局が違うため、アベノミクスのように1本目と2本目で反対方向の政策をとるようなことが起きてしまうのです。

それはともかく、財政政策において支出を拡大することを「財政出動」、支出を縮小することを「緊縮財政」といい、「総需要」を動かすことを目的としているものです。

「総需要」とは世の中すべての需要のことであり、**「総需要＝消費＋投資＋政府需要＋輸出－輸入」**のことです。

このうち財政出動というのは、「政府需要」にあたり、たとえば社会インフラの整備など公共事業への投資をするとそれが上がります。

反対に、緊縮財政である消費税増税を行うと、価格が値上がりし、消費が落ちるのは誰でも理解できることでしょう。

確かに増税によって「政府需要」は上がるものの、そのすべてが政府の支出にまわされるわけではないため、増税による「消費」の減少分と相殺すれば総需要はマイナスになってしまうのです。

一般に総需要のなかでも、6割近くを占める消費が伸びることが望ましいのです。しかし、政府もまたお金を使う側の一部であり、総需要の増減に直接関わっているのです。

ただし、政府が財政出動をしすぎると、民間の活動が抑制される傾向があります。なぜかというと、政府需要を増やそうと思ったら、結局民間からお金を取ってくるしかないからです。

何でも国家が管理した社会主義国がどうなったか、その末路を見れば明らかです。かえって非効率で経済成長を阻害してしまうのです。

ポイント

- 「財政政策」とは、政府が支出と徴収を通じて景気をコントロールすること
- 財政政策により総需要のうち政府需要を上げることができる
- 金融政策との協調でその効果を増すことができる

Q MMTは正しいか?

A MMTを持ち出すまでもなく従来の金融政策で説明できます

◇日銀の国債購入の限界点は

国の債券である国債により通貨は発行されています。

「現代マネー理論(MMT)」というのは、この貨幣をインフレが加速するまではいくら刷ってもかまわない、という理論です。

国債を裏付けに通貨が発行されるメカニズムを、政府、日銀、市中銀行の「お金の流れ」で見ていきましょう。

政府は税金などの歳入によって予算を組みますが、それでは足りない分を国債発行によって賄います。そのため、国債は国や政府の「借金」といわれるのです。

では実際に国債を買っているのは誰でしょうか。それは銀行や信用金庫、投資会社など民間金融機関です。

たとえば予算が100兆円足りない場合、財務省が発行したトータル100兆円（一度に100兆円の国債を発行するわけではない）の国債を金融機関は「入札」により購入します。

国債入札は高い金額を提示した金融機関から順に希望額を売り、発行数に達した時点で打ち切りとなります。

金融機関が購入した国債を日銀が市場の時価で買うのを「買いオペ」ということはすでに述べました。ようするに、国債を原資に紙幣を発行するのです。

国債は財務省→市中銀行→日銀と流れ、原則として財務省から直接買うことをいわゆる「日銀引き受け」といって禁じています。

なぜ禁じられているかといえば、日銀の刷る通貨の信用を担保するためです。国債を発行する時の政府のいいなりに通貨発行を行っていたのでは、財政規律が乱れ、インフレとなり、最悪は紙くずにまで通貨の信用が失墜してしまうからです。

通貨の信用が下がるというのは国家の信用が下がることを意味するので、連動して国債も紙くずとなります。これは歴史が証明していることです。

極端なインフレが起こってからでは遅いのです。**MMTが一見正しく見えたのは、コロナ禍という世界的に需要が減退した特殊な状況下だったから**であり、コロナ後は過度のインフレ状態、量的緩和の副作用に世界が苦しんでいるのです。

実際、MMTが破綻した例としてイギリス国債があります。

2022年9月、イギリスの中央銀行であるイングランド銀行が保有する国債は、英資産の一斉売りで含み損が2000億ポンド（約31兆円）余りに膨れ上がりました。ポンドの売りは続き、対ドルで最安値を更新。国債価格も急落し、10年債は1週間で7・8％も下落したのです。

この実例から見てもわかる通り、日本も物価がコアコアCPIで4％以上の水準が継続するようであれば、価格が下落しても国債の買い手がいなくなり、直接引き受けを禁じられた日銀も買うことができなくなってしまうのです。

国際金融における市場原理は、為替と長短金利、海外情勢など複雑な連鎖によりシーソーをしているのです。しかし、これはMMTを持ち出すまでもなく従来の金融政策で説明できることです。

そもそもMMTは左派の発案であり、設計主義、計画経済的発想が根底にあることを見なければならないでしょう。

ポイント

・ＭＭＴが成立したのはコロナ禍という特殊状況によるもの
・ＭＭＴを持ち出すまでもなく従来の金融政策で説明できる
・ＭＭＴの根底にあるのは左派の計画経済

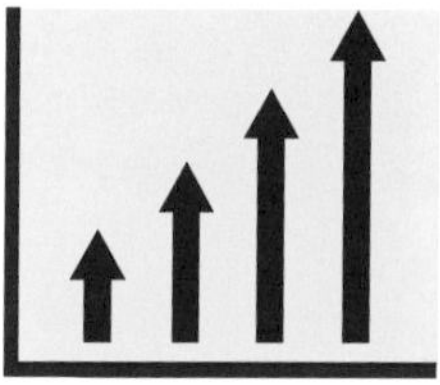

Q 国債の価格が下がると金利が上がるのはなぜ？

A 額面の金利は変わらないため、実質的に金利が上昇するからです

メディアでは政府が国債を大量に発行すると、「国債の価格が下がり金利は上がる」と解説されます。

なぜそうなるか説明しましょう。

国債の金利が上がることをより厳密にいえば「利回り」が上がるということです。

たとえば、「1万円の1年物国債」の金利が10％だったとすると、1年後の満期には、1万円の元本に1000円の利息がつきます。当然、利回りも10％です。

しかし国債の市場価格は需要と供給によってたえず変わっているため、利回りも変わるのです。

したがって、政府が大量に国債を発行すれば、供給が需要を上回り値段が下がります。ただそのさいも、国債の金利は額面金額の1万円にかかるため、「1万円の1年物国債」が値下がりし、9000円で買ったとしても、受け取る利息は1万円と変わりません。つまり、9000円払って1000円の利息がつくので、利回りでみると約11％に増えることになるのです。

金融政策で解説したことの繰り返しですが、国債の金利が上がると、民間の貸出金利も上がります。

金利が上がれば、企業や個人はお金が借りにくくなり、民間の経済活動が抑えられてしまいます。

ですから新規国債発行をしすぎると、民間需要を圧迫することになるのです。

ポイント

- 大量に国債を発行すれば需要と供給の関係で価格が下がるが、価格が下がっても額面の金利は変わらないため、実質的に金利が上昇
- 国債の金利が上がると民間の貸出金利も上がり経済活動を抑止する

Q 日銀の「独立性」とは？

A 通貨の信用を担保するために財銀分離原則にのっとった地位で、完全に独立しているわけではありません

◇財銀分離原則

国が直接通貨を発行してしまうと、財源不足を通貨発行で補う恐れがあります。これを「財政ファイナンス」と呼びます。また、その発行額にも信頼性が欠けてしまいます。このため、国の財政と通貨を発行する中央銀行を分離するというのが財銀分離原則です。

また、これにはのちに述べる歴史的な経緯が存在します。かつて、金本位制の時代、複数の民間の銀行が保有する金を担保に紙幣を発行していました。これを「国立銀行制度」と呼ぶわけですが、この名残《なごり》が今もあるのです。「○○ナショナルバンク」という名前の銀行の多くがかつての国立銀行だったのです。

それを**各国一つにしたのが今の中央銀行であり、日本では日本銀行**ということになります。なお、日本銀行は上場されており、出資証券（株主の権利の行使はできません）を購入することができます。

◇日銀と財務省

国債を発行するのは国であり、それを財務省が管理しています。日銀と財務省は別の組織ではあるが、完全に独立しているわけではなく、双方が協議のうえで一体化した財政金融政策を行っているのです。

中央銀行と国家の財務の分離である「財金分離原則」はありますが、完全に独立した存在ではありません。

また、国際社会で金融政策を協議するＧ７などでも財務大臣中央銀行総裁会議が開かれているように、共に連動して動く形となっているのです。

国債に関しては、発行額が増加すると国家の健全性に大きな影響を与え、他の債券と同様にデフォルトリスクが格付けおよび価格に反映されます。このため、無限に発行できるものではありません。

また、基本的に国の格付けはその国とその通貨で発行される債券全般の最上位格付けとなります。国家が破綻すれば、その国の企業や通貨に大きな影響を与えるからです。ただし、単に国債発行額だけでそれは判断されるものではありません。

通貨の裏付けと同様に国債の裏付けとなるのは「国富」（それぞれの国家、企業、国民の資産）であり、国富の大きな国は発行額が大きくなっても問題は生じません。単純なGDP比での債務比率などではかれないのです。

また、国債がどの通貨で発行されているかもデフォルトリスクに大きな影響を与えます。自国通貨建てであれば、国家は通貨発行権を保有しているため、デフォルトしない構造になるのです。

しかし、少額であってもドル建てなど他国通貨建てであれば、デフォルトリスクが大きいといえます。特に国内資産が少ない新興国などは外国通貨建ての債務が多く、海外からの借り入れが大きい。このため、新興国のデフォルトリスクは先進国よりも高く見積もられるのです。

様々な意味で、外形的な「財銀分離」はあるが、表裏一体の部分も多く、実際には完全な分離とはなっていないのが現状です。

ポイント

・「財銀分離」はあるが政府と日銀は連動して財政金融政策を行っている
・国債の裏付けとなるのは国家、企業、国民の資産を合わせた「国富」
・自国通貨建ての国債はデフォルトリスクが低いが、他国通貨建てだと少額でもデフォルトリスクは高い

5 国家vs.国家、為替戦争

Q 円安と円高、どっちがいい？

A デフレでは円安のほうが有利なことが多いでしょう

◇円安、円高

円高と円安のどちらがいいのでしょうか。

日本でリンゴが100円、アメリカでは1ドルで売られていたとしましょう。つまり1ドル＝100円の為替レートです。

ここで1ドル＝80円の円高（より少ない金額の円でドルと交換できる）だったとすると、

アメリカ産リンゴが80円で日本に入ってくることになります。味の好き嫌いなどを度外視すれば、通常、このときアメリカ産より20円高い日本のリンゴは売りづらくなります。

逆に、1ドル＝120円になったとすると、アメリカ産リンゴは日本では売れなくなります。それどころか、日本産リンゴはアメリカでは1ドル以下になるため、価格競争力が増し、海外で売れるようになるわけです。

この例で明らかなように、自国通貨安に導く為替政策は海外諸国からすると自国通貨高になり、自国の商品が売れなくなるため批判を招くことが多いのです。

もちろん、円安、円高、それぞれにメリット、デメリットはあります。しかし世界的に量的緩和が進むなかで日本だけが超円高に進んでいた当時は、デメリットのほうが大きかったのです。

自国通貨安は、他国へ輸出している日本の製造業にとってはプラスとなります。

また、大量の海外資産や海外での売り上げがある日本企業にとっても、円安のメリットは大きい。

当然、日本企業の場合、決算は円建てで行われます。そこで、1億ドルの海外資産を持っている企業があったとすれば、1ドル＝80円から120円に動いただけで、資産は80億円から120億円へと40億円も増えたことになるからです。これは企業のバランスシートに大きな影響を与えます。

安倍政権誕生後の急激な円安により、為替差益が生まれ、倒産を逃れたという日本企業が多かったのも事実です。

◇「一物一価」の法則

「一物一価」の法則と呼ばれる基本原則があります。

ここで、モノの価格は何から成り立っているかということを考えると、「原材料価格＋エネルギー価格＋人件費＋知的財産等の付加価値」ということになります。

このうちエネルギー価格と原材料価格は、ほぼ世界共通の価格に落ち着きます。エネルギー価格に関しては、各国の調達コストによって違いがでるにしても、たとえば石油は世界中のどこで買ってもほぼ同額のグローバル価格です。

となると、いわゆるグローバル市場におけるモノの値段にもっとも大きく影響するのは、人件費と付加価値の部分ということになります。

なかでも大きいのが人件費で、人件費はドル建てなどの外貨ではなく、生産国の通貨で支払われますから、自国通貨が高くなると人件費が大きく膨らみ、人件費の安い他国でつくられたものに売り負けしてしまうのです。これが、通貨が上がると国際競争力が低下するという経済現象の基本原理になるわけです。

「一物一価」の法則のもとでは、一つの商品の価格は最終的にどこでも同一に収斂《しゅうれん》していくわけですが、いうまでもなく輸送コストについては最終消費地に近いところでつくったほうが安くなります。寸法や重量の大きなものの輸送コストは高いので、日本向けの大きな商品から生産を国内移管していくのは当然です。

生鮮食料品も同様で、商品を早く運ばなくてはならないことはもちろん、冷蔵コンテナ等が必要で輸送コストがかさむため、国内に生産が戻り始めるのです。

それに加え、消費者が日本の安全安心な食材を求めていることが、国内回帰を後押ししているのです。

家電製品についても、冷蔵庫や洗濯機などの大型の白物家電から、日本向けの製品が国内生産に切り替わっていました。

よく**「円安で得をするのは輸出企業だけだ」といわれますが、それは大きな間違い**です。

円高＝輸入品の値段が安くなるということは、それに合わせて日本メーカーも赤字覚悟で商品の値下げをするか、あるいは販売をあきらめるしかなくなるのです。

このように海外から安い商品が入ってくることには、国内におけるモノの生産価格を引き下げる効果があります。

確かに、円高で原材料価格も下がるとはいえ、為替レートの変化に合わせてスムーズに原材料価格が下がるわけではありません。そのため、円高で安い商品が海外から大量に流入することで、日本国内における生産が困難になることがありうるのです。実際に日本の製造業は超円高下で深刻な生産の空洞化に陥りました。

これに対して**円安は、輸出はもちろん、内需向けに様々な産品をつくっている国内製造業にとっては大きなプラス**になります。一方、円安で輸入コストが上昇した結果、「円安倒産」が増加したことが、ひと頃ニュースを賑わしました。

しかし超円高時代には、製造業やアパレル産業にかぎらず、農産品や水産品に至るまで海外から安い商品が大量に流入し、国内の生産者が厳しい状況に立たされたことを想起すべきでしょう。

ポイント

・一物一価の法則により一つの商品の値段はどこの国でも同じになる
・円安で得するのは輸出企業だけ、というのは誤り。円高は輸入品に対する国産品の価格競争力を低下させる

Q 外国為替市場の役割は？

A 異なる通貨を交換する世界最大の金融市場です

◇外国為替市場

世界の貿易の多くは米ドル建てで価格が表示され、米ドルで決済されます。たとえ相手国が中国・韓国であっても大半はドルで決済されるのです。

貿易を例に外国為替市場の役割を解説しましょう。

日本に原油を輸入したり、金（ゴールド）を持ち込むには、海外の人には円ではなくドルで支払わなければなりません。

反対に、日本から海外に自動車や半導体を輸出する場合も、価格はドルで表示され、日本の会社が受け取る代金はドルとなるのが慣習です。

つまり、日本の会社が輸入のためにドルを支払うには、手元にある円を売却して、ドルを購入しなくてはなりません。円を売ってドルを買うので、ドルと円の関係は円安＝ドル高のほうに動きます。

逆に、日本の会社が輸出で受け取ったドルは、売却して円にしないと従業員の給料や部品メーカーに代金を支払うことができません。つまり為替は、ドルを売って円を買うので円高＝ドル安のほうに動きます。

つまり**輸入＞輸出の場合＝円安、輸出＞輸入＝円高**になるのです。

しかし輸入が増え続ければ円安によって輸入代金が割高になり輸入が減る。

反対に円安は輸出の価格競争力を増し輸出を増やす。

ようするに為替の変動によって輸入増→輸出減→輸出増といったサイクルを生み貿易量が調整されるのです。

そのような通貨の取引を行うのが外国為替市場です。

外国為替市場は、世界中の銀行、企業、投資家が通貨を売買する市場であり、それは貿易に限りません。

たとえば、日本の投資会社や生命保険会社が米国債を購入するにも、集めた円を売ってドルを購入し、そのドルで米国債の購入代金にあてるのです。

当然、外資が日本の会社に出資するためには、ドルを売却して円にして、株を買わなくてはなりません。

このような外国通貨の売買は頻繁に行われているため、外国為替市場は世界最大の金融市場なのです。毎日、数兆ドルの取引が行われています。

◇実効為替レート

ところで、ふつう為替はドルが世界の基軸通貨になっているため、日本円が米ドルに対して上昇すれば、「円高」といわれますが、一方でユーロや人民元などに対して下落していれば、必ずしも円高とはいえないはずです。

そのような状況を踏まえ、通貨の価値を総合的に把握するための指標が「実効為替レート」です。

「実質実効為替レート」を算出しているのは、国際通貨基金（IMF）や国際決済銀行（BIS）、経済協力開発機構（OECD）、各国の中央銀行など。一国の通貨の総合的な価値が単一の指標で示されるため、その国の通貨の強さ＝輸出競争力を見るうえで参考になります。

◇両替

海外旅行に行くさいには銀行で両替をしなければなりません。両替レートが銀行によって異なるのは海外によく行く方ならご存知のことでしょう。

そのさい、銀行が外貨を売るレートと、銀行が外貨を買うレートには差があって、この差が銀行の手数料分となっているのです。

テレビのニュースで報道される為替レートは銀行同士の取引のレートですが、たとえばそのレートが1ドル＝100円のとき、銀行がドルを売るレートは1ドル＝101円、銀行がドルを買うレートは1ドル＝99円になるのです。つまり99円で買って101円で売ると利ザヤは2円となるわけです。

銀行が外貨を買うレートを「TTB（BはBuy＝買う）」、銀行が外貨を売るレートは「TTS（SはSell＝売る）」といいます。TTBとTTSの差は銀行ごとに異なり、また同じ銀行であっても、通貨によって違ってくるのです。

ポイント

・貿易の大半がドル建てて表示されドルで決済される

・二国間ではなく多国の通貨と比較して総合的な通貨の強さをはかるのが「実効為替レート」

・為替レートが1ドル＝100円の場合、銀行がドルを売るレートは1ドル＝101円、銀行がドルを買うレートは1ドル＝99円で2円が両替手数料

6　国際金融の仕組み

Q　SWIFTとは何？

A　海外への送金を可能にする世界最大の国際決済網です

◇SWIFT

「SWIFT（スイフト）」には世界の1万1000以上の金融機関が接続（2022年1月現在）し、その決済額は一日当たりじつに5兆ドル（約575兆円）にものぼります。

国境を超える取引である「クロスボーダー決済」の大部分が通過するSWIFTは、海外に送金するさいのもっともスタンダードな方法となっているのです。

ＳＷＩＦＴのネットワークは各金融機関間を専用回線でつなぎ、専用端末を通じて操作することから、維持費が高いのです。

外国への送金手数料が高額なのは、そのためです。

ＳＷＩＦＴシステムに接続する銀行には番号が振られています。それはいわば住所のようなもので、ＳＷＩＦＴ送金は現金を銀行から銀行へ直接動かすわけではなく、指定された銀行に対してテキストメッセージを送信します。

国内の銀行間の金融取引は各国の中央銀行を通じて行いますが、外国の銀行へ送金する場合には中央銀行が存在しません。そこで、通貨ごとに「コルレス（Correspondent＝隔地の取引先の略）銀行」という中継銀行が指定されます。

米ドルならばシティバンクやＪＰモルガン・チェースなど、ユーロであればドイツ銀行がコルレス銀行です。

かつて日本では東京銀行が唯一のコルレス銀行でしたが、現在はその東京銀行を吸収合併した三菱ＵＦＪ銀行、またＳＭＢＣ（三井住友銀行）などもコルレス銀行になっています。ちなみにコルレス以外の銀行はドメスティック銀行と呼ばれ、金融関係者は「ドメ銀」

「ドメ」と略すことが多いようです。

たとえば、日本の地方の銀行から、アメリカのユタ州の地方銀行口座にドルを送金する場合、三菱ＵＦＪ銀行やＳＭＢＣを通じてシティバンクにテキストメッセージが送られ、そこからユタ州の銀行口座へとテキストメッセージが伝送されます。

その後、銀行間で決済するという流れでクロスボーダー決済が行われているのです。

このような仕組みのＳＷＩＦＴから排除されるとどうなるでしょうか。

まずＳＷＩＦＴから排除された国の銀行は外国に送金ができなくなります。当然制裁国への送金もできなくなります。また、ドル決済ができなくなるので、海外からモノを購入できなくなるのです。

ポイント

- 国際決済網「ＳＷＩＦＴ」には世界の１万１０００以上の金融機関が接続
- ＳＷＩＦＴから排除されれば送金のやり取りも輸出入もできなくなる

Q「国際金融のトリレンマ」って何？

A 世界経済で必ず知っておいたほうがいい法則です

◇国際金融のトリレンマ

①「金融政策の独立性」、②「為替相場の安定」、③「自由な資本移動」のうちどれか一つは必ずあきらめなければならない、という経済法則です。

たとえば、①の金融政策の独立性をとれば必ず国内外に金利差が生まれます。金利差が生じると、金利の安い国から高い国に資金が流出し、為替の安定が損なわれます。

同様に③の資本移動が自由であるなら、そこに金利差を狙った資本の流出や流入が必ず起こるため、為替が安定しなくなるのです。

また①金融政策の独立性と②為替相場の安定を選ぶと、やはり金利差が生まれます。このとき、為替相場を一定に維持しようとするならば、③の資本移動を規制しなければなりません。

②の為替相場の安定と③の自由な資本移動を選んだ場合、金利を上げ下げすると、資本が国外に出入りする可能性が高くなり、為替相場が不安定になるため、金利をコントロールすることができなくなります。

また、資本の移動が自由になれば、投資家は国内の金利よりも高い金利の国に投資するために、資金を国外に移動させてしまう可能性があります。そのため、中央銀行は金利を下げることができなくなります。

ちなみに、①の金融政策の独立性を捨てているのがユーロ圏の国々です。EU各国は欧州中央銀行（ECB）に金融政策を委ねる代わりに、③自由な資本移動と②為替相場の安定を享受しています。

また、中国はドルペッグにより①金融政策の独立性と②為替相場の安定を守る代わりに③自由な資本移動を制限しています。

しかし日本を含め大抵の先進国は①金融政策の独立性を維持し、③自由な資本移動を選び、②の為替相場の安定を犠牲にするのが標準です。

もっとも、前述のように為替は相手国の経済にも影響を与えるため、為替政策をするとしばしば「為替操作国」との批判を受けかねません。そのため、相手国と政治的に合意するのが難しいという面もあります。

👍 **ポイント**

・日本を含め大抵の先進国は独立した金融政策と自由な資本移動を選び、為替相場の安定を犠牲にするのが標準
・EUは自由な資本移動と為替相場の安定を選び、中国は独立した金融政策と為替相場の安定を選んでいる

Q 人民元が国際通貨になる可能性は？

A 自由な資本取引を制限している以上、難しいでしょう

◇人民元の発行

中国の人民元は事実上のドルペッグ（ドル連動）である管理変動相場制を選んでいます。このため、資本移動を自由化することができないのです。

これまで中国は事実上のドルペッグを続けるために、輸出で稼いだドルの額に合わせた人民元を発行してきました。

しかし、コロナ禍以降、特に不動産バブル崩壊が顕著化して以降、これを無視した人民元の発行を行っています。

本来、通貨量を増やせば人民元は下落するわけですが、資金移動を規制することでこれを防いでいるのです。個人や企業の資金移動の規制を強化することで人民元売りドル買い

を抑制し、外貨が不足しないように調整しています。

しかし、米中対立などの影響もあり、輸出利益が大きく減少し始めており、いつまでも今の為替体制（管理変動相場制）を維持できないのではないかという声も強まっています。

また、管理はしつつ人民元を切り下げる必要が出てくるという予想もあります。

通貨を安定させるための仕組みとして、「外貨準備」が存在します。

自国通貨を発行できても、他国通貨は発行できません。このための安全弁が「外貨準備」であり、政府や中央銀行が外貨を保有しておくわけです。

ここにおいても中国は独自の形態をとっています。**中国の外貨準備には「国有銀行が保有する外貨」が含まれている**のです。

中国の場合、輸出企業がドルを稼いだとしても、同国の国有銀行からドルを自由に引き出すことが制限されているのです。そのため中国国内ではドルではなく人民元で引き出すしかありません。つまり中国の外貨準備には、このような「民間企業（本当の意味での民間企業かは疑問ですが）」の外貨が含まれているわけです。

この状況では自由な取引ができず、人民元は国際通貨になる必要条件を整えていないといえるでしょう。

ポイント

・人民元は事実上のドルペッグだがコロナ禍以降はこれを無視した人民元を発行している
・中国の「外貨準備」には「民間（？）」銀行の保有分も含まれている

Q 中国主導のAIIBはどうなっている？

A 仕組みが機能せずADBの〝下請け〟と化しています

◇アジアインフラ投資銀行（AIIB）

中国が人民元の勢力拡大をはかる一環として進めている戦略が、**アジアインフラ投資銀行（AIIB）と新開発銀行（BRICS銀行）などの設立**です。これらを通じて、アメリカが主導する世界銀行に対抗する姿勢も見せています。

世界銀行は、アメリカを中心とする先進国が新興国に融資を行って発展をアシストすることで、実質的に新興国をコントロールする仕組みです。

対して中国は、アジア、ヨーロッパ、アフリカを陸路（陸のシルクロード）と海路（海のシルクロード）の両面で結んで、巨大な経済圏を構築するという構想「一帯一路」を打ち出し、その周辺地域のインフラ整備に巨額の投資を行いながら影響力を強め、独自の秩序を構築しようと目論みました。

中国の狙いは自国中心の経済圏をつくりあげようとするもので、そのインフラ整備のためにＡＩＩＢやＢＲＩＣＳ銀行などを設立し、人民元を基軸通貨として、アメリカの金融支配に揺さぶりをかけようとしたわけです。

ＡＩＩＢは、２０１３年に習近平国家主席がアジア太平洋経済協力会議（ＡＰＥＣ）で設立を提唱。２０１５年３月末に設立メンバーを決定し、同年12月に発足、２０１６年１月に開業しました。設立メンバー国は、中国、イギリス、ドイツ、フランス、インドなど57カ国。

「バスに乗り遅れるな」と日本国内でも設立メンバー国として参加すべきだという声が高まりましたが、日本はアメリカとともに参加を見送りました。この時点で中国の目論見は崩れたといっても過言ではないでしょう。

◇アジア開発銀行（ＡＤＢ）

ＡＩＩＢは、加盟国から集めた資金を資本金として、国際金融市場で債券を発行して資金調達を行い、他国に貸し出す中国主導の国際開発金融機関です。

ＡＩＩＢの理事会で承認された累計融資額は１２０億ドルとされていますが、実際に融資されたのは2割にも満たないとの報告があります。しかも、その大半がＡＤＢ（アジア開発銀行）や世界銀行（World Bank）のプロジェクトに、ただ相乗りするだけの協調融資でしかありません。

いまだ中国が自力で市場から資金調達できるという証明にはなっていないということです。実質的にＡＤＢや世界銀行に飲み込まれているのも同然です。

日本とアメリカが参加を見送ったことにより、ＡＩＩＢは資金調達が難航しているのです。まず、主導国である中国の国債金利よりも少し高い水準でしか資金を調達することができない。また、融資に対するガバナンスや透明性が担保されておらず、事業の採算性もはっきりしません。以前からインフラ金融に精通する人材が少ないことやガバナンスの未熟さを指摘する声も多いのです。

そもそも、国際開発金融機関のビジネスモデルは、参加国から集めたお金をそのまま又貸しするわけではありません。**集めた資金を〝見せ金〟として基金化する仕組み**になっており、その見せ金と参加国の保証や担保に基づいて債券を発行するのです。

たとえば、ＡＤＢであれば、主導国の日本およびアメリカがそれぞれの起債市場で債券を売却するために、日本やアメリカの国債金利に上乗せ（プレミアム）して資金を調達することができます。

長期金利が0％台であれば、ADBでは1％未満で資金を調達することが可能なのです。そのため、ADBであれば1％未満で調達した資金に若干の手数料を乗せてお金を貸すことができます。

しかし、中国がAIIBで同じことをやろうとしても、貸し出し金利は最低でも8～10％になってしまうでしょう。そうなると、8～10％で採算がとれるような事業以外は成立しないということになります。

今の経済状況のなか、8％以上の経済成長を続けるのは中国でなくとも難しいでしょう。国際開発金融機関の融資条件には、「返済までの事業計画を示せるか否か」というハードルもあるため、融資可能な案件にはおのずと限界があるのです。

そのため、お金のない新興国や高コストの事業計画などにおいて、返済プランが示せずに頓挫していた案件が多数ありました。そういった案件に対して、「お金を貸す」と言ったのがAIIBだったわけですが、それどころかAIIBのビジネスモデルは最初から成立していないのです。

これまで、中国の融資は主に政府開発援助（ＯＤＡ）によって行われており、相手国が返済不可能になった場合は債務の一部免除などの措置がとられることもありました。

しかし、ＡＩＩＢ経由で融資した場合は債務を免除すると出資金が足りなくなってしまいます。そのとき、参加国としては「出資割合に応じて損失補塡に応じる」「出資金を捨てて逃げる」という２つの選択肢を迫られるのです。

こうしたリスクも、いまだに出資金が集まらない理由となり、投資銀行でありながら出資金が集まらないため、ＡＩＩＢは「誰も肉を持ってこないバーベキュー大会」などと揶《や》揄《ゆ》されているのです。

ポイント

・日米が参加しないためAIIBの調達金利は8～10％という高金利に
・そのため資金が集まらず、ADBとの協調融資が多く、その下請けに成り下がっている

Q 世界最大の機関投資家「GPIF」が株価に与える影響は？

A ありますNo。しかしなるべく市場に影響を与えないようにしています

◇GPIF

日本の公的年金である「国民年金」のうち、将来世代のための「年金積立金」の管理・運用を行っている**「GPIF（年金積立金管理運用独立行政法人）」は、150兆円を超す巨額な運用資産を持つ世界最大の機関投資家**です。

そのため、GPIFの運用方針や資産の運用割合に変更が生じると、それだけで対象市場の相場状況に大きな影響を与えるわけです。

GPIFは基本方針として、各対象市場の相場状況に影響を与えずに運用方針の変更などを行うことを原則としているものの、結果的には大きな影響を与えているといわざるを

えません。

たとえばアベノミクスの一環として、日銀と連携をとったこともあります。

GPIF改革により、その資産運用について、60％を占めていた国内債券を35％に減らし、日本株式の保有比率を12％から25％に高めるという金融商品の組み合わせである「資産ポートフォリオ」の変更が実施されると、年金資産による巨額の日本株買いが発生し、同時にポートフォリオ変更にともなって売却された国内債券を日銀が購入するというウルトラCが行われたのです。

そのため国債価格も下落せず、かつ年金資産が株式投資にまわったため、国内株価の上昇に大きく貢献しました。

GPIF改革として「独立性」を求める意見がありますが、的外れです。高い運用益を得ることと独立性を高めることは別問題であり、独立性を高めても運用益が上がるわけではないからです。あくまでGPIFの使命は高い運用益を得ることにあるのです。

2020年4月1日から5年間のGPIFの基本ポートフォリオは、国内債券・国内株式・海外債券・海外株式の4資産それぞれ均等に25％ずつ、さらに、債券と株式に分けたときに50％ずつとなるように運用されています。

ポイント

・GPIFと日銀が連携をとって株式市場と債券市場を安定させたこともある
・GPIFにとって最優先は高い運用益を得ることで、独立性とは関係がない

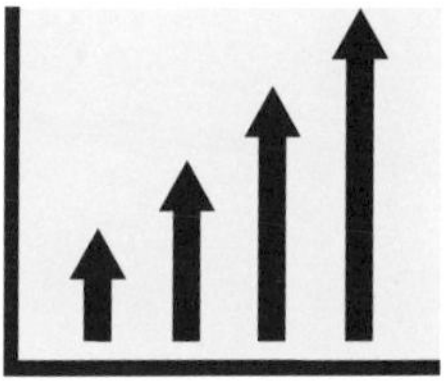

7 国家 vs. グローバル企業

Q 暗号資産って何?

A 2種類あって、ドルなどの裏付けのある安全なものもあります

◇暗号資産

暗号資産は現物をつくることができません。本物の硬貨（コイン）をつくると通貨偽造になってしまうのです。

ですから、デジタル上の資産でしかありません。そして、その分類は「商品」というこ

とになります。わかりやすくいえば、鉄や小豆などの商品先物取引と同じといえます。

大きく分けて、**暗号資産**には、

①価格が変動するもの

②ドルなどにペッグ（連動）するもの

があります。

②をステーブルコインといいます。そして、ステーブルコインを発行するためにはそれに見合うドル資産の保全が必要です。

過去には暗号資産を裏付けにしたステーブルコインがありましたが、破綻したことで規制が厳しくなっています。

また、これはドルと同じですので、世界各国の規制当局は銀行免許の保有を義務付けようとしています。

また、①の価格が変動する商品型の暗号資産には、A「発行主体があるもの（中央集権型）」とB「ビットコインのように発行主体が曖昧なもの（分散型）」が存在します。

Aの場合は責任がはっきりしていますが、運営主体などが破綻した場合、その価値を失う可能性があります。Bの場合は保有者などが責任を共有している形ですが、主体がないため、トラブル対応などをしてくれません。

①の商品型の暗号資産は価格変動が激しく、取引を通じて利益を得ることが主な目的になっています。

②のステーブルコインは決済用であり、暗号資産間の資金移動などに使われます。

しかし、このステーブルコインはドルなどに裏付けされているので、現金と同様といえるわけです。そして、これは最終的に現金となって、銀行口座などに移されます。つまり、最終的な価値の保存は暗号資産ではなく、現金で行われているわけです。

ポイント

- 暗号資産には　①価格が変動するもの、②ドルなどにペッグ（連動）するものの2種類ある
- ①にはA「発行主体があるもの（中央集権型）」とB「ビットコインのように発行主体が曖昧なもの（分散型）」がある
- ②のステーブルコインはドルなどの裏付けがあるため現金と同様といえる

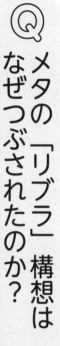

Q メタの「リブラ」構想はなぜつぶされたのか？

A 通貨発行権の侵害という国家の逆鱗にふれたからです

◇「リブラ」構想

メタ（旧フェイスブック）が構想した「リブラ」が米欧につぶされたことは、通貨発行権という国家権力の問題と、GAFAをはじめとしたグローバル企業の帝国主義的本性を暴いた、とてもいいケーススタディなので、見ていきましょう。

リブラは「ドル」「ユーロ」「円」「英ポンド」といった法定通貨を担保にした、通貨バスケット制のステーブルコインです。この点は、ビットコインとはまったく違い、投機性はないし、当初は提携するとしたクレジットカード会社も多かったのです。

しかも、メタのユーザー数は世界中で30億人弱もいるといわれ、中国の人口の2倍以上の規模です。したがって、通貨圏としては一国よりもよほど大きく、通貨の決済機能として優れています。

ユーザーのなかには多くの発展途上国の人々や、先進国に住んでいても貧しい暮らしを余儀なくされている人々「アンバンクト（Unbanked）」と呼ばれている人が多く、これらの人々は、先進国では当たり前だと思われている多くの金融サービスを利用することができません。

リブラには、そのアンバンクトな状況を劇的に改善させることができるという大義名分もありました。

しかもリブラは、国境を越えてグローバルに利用できるため、法定通貨のように両替する必要もなく為替リスクも発生しません。

日本からブラジルへの送金も、リブラを使えば簡単にできるし、ブロックチェーンを使うことで一般的な海外送金よりも送金手数料は安く済みます。

また、中央集権的な政府や中央銀行のような発行主体ではなく、「ブロックチェーン」という技術によりインターネット上で分散管理され発行される予定でした。つまり**「技術」の信用により「仮想通貨」を発行**しようとしたのです。

◇ブロックチェーン

「ブロックチェーン」では取引が「分散型台帳」にすべて記録され、ユーザーは購入した「ウォレット」（財布）と呼ばれるアプリで、暗号資産をパソコンやスマートフォンなどに保存し、管理することができます。

ブロックチェーンは、ネットワーク内で一定期間内に行われた仮想通貨の取引データが記載された「ブロック（台帳）」を、ほかのブロックにつないだものです。

ブロックチェーンは改竄《かいざん》が極めて難しいといわれています。というのも、取引データを書き換えると、各ブロックをつなぐ「鎖」が切れてしまうからです。

また、暗号資産のもう一つの特徴は、「P2P（ピア・ツー・ピア）」というデータ共有技術が用いられていることです。これは、中央にサーバーを置かずに、ネットワークでつながっているすべてのコンピュータでデータを共有する技術です。

たとえばビットコインの場合、同じ取引所や販売所に登録しているすべてのユーザーが、ブロックチェーンに記録されたデータを共有しています。

取引に参加しているすべてのユーザーが同一の台帳を共有しているので、仮に、あるユーザーのコンピュータ上の台帳がハッカーからの攻撃などで改竄されても、ネットワーク上で全ユーザーのデータを照合する作業が自動的に始まり、正しい台帳を共有している別のユーザーのデータをもとにして、データを復旧することが可能となるのです。

暗号資産の取引データを台帳に記録し、更新していく追記作業を「マイニング（採掘）」といい、マイニングによって約10分ごとに、新しいブロックが「鎖」でつながれたように次々と連結していくので、ブロックチェーンと呼ばれるわけです。

こうしたマイニングを行う人のことを「マイナー（採掘者）」と呼び、たとえばビットコインの場合、追記作業に成功した人に対して、新たに「発掘」されたビットコインが報酬として支払われます。これが通貨の新たな発行となるわけです。

◇国家vs.グローバル企業

以上がブロックチェーンという技術による通貨発行の仕組みですが、この中央銀行を介さないで済む国家を乗り越えた「リブラ」構想はまさにグローバリズムの真骨頂といっていいものであり、それゆえに**各国の権力者たちの逆鱗《げきりん》にふれた**のです。

G20はリブラ構想に反対の立場を示し、メタは世界各国すべての運営する国で、銀行免許をとるよう要請されました。

銀行免許をとるには、それをとる条件をすべての国で満たさなければならないのですが、そうすると、自由な運用などできるわけがなく、チェックのコストだけでも大変なことになってしまいます。

銀行免許をとるというのは、「ファトフ（FATF：マネーロンダリングに関する金融活動作業部会）」が求める、本人確認をはじめとするすべての条件を整えなくてはならないので、匿名で偽のアカウントがとれてしまうような甘い加入条件のメタでは不可能です。

さらにEUが2020年9月末に発表した「デジタル通貨規制案」により、デジタル通貨発行の事前承認や、ルール違反のさいの罰金制度が導入されました。

裏付け資産が万全に確保されているかを、「欧州銀行監督局（EBA）」に直接監督させ、調査や立ち入り検査の権限を持たせ、違反があれば罰金を科せるようにしたのです。

これは暗号資産に対する包括的な規制としては世界初のものでした。EUは国際基準づくりの主導権を目指し、リブラ構想をつぶし、ECBが発行を目論む「デジタルユーロ」を広めていく戦略でしょう。

リブラ構想は各政府中央銀行から大バッシングを受けて、メタは規模を大幅に縮小した

「ディエム」に切り替えましたが、いまだ実現していません。

ようするに国家としては中央政府と中央銀行がコントロールできない通貨が市場に投入される事態を抑えたいのです。

なぜなら、リブラ構想は中央銀行が持つ「通貨発行権」という絶大な権力を脅かし、また国家からすれば、国家破壊主義につながるような思想でもあるからです。

◇通貨発行権

世界各国は、中央銀行を使って紙幣を刷り、発行益を得ています。これを**「シニョレッジ（通貨発行益）」**と呼びます。

たとえば1万円札の原価は20円程度であり、1枚刷るごとに9980円の利益が出る計算です。

ところが、発行主体も明確ではなく、資産の裏付けもない暗号資産の流通量が増え、決済手段としても広まっていくことで、国家が享受していた貨幣発行特権が大きく毀損《きそん》されてしまうのです。

それればかりか、法定通貨に支えられた一国の経済システムにも大きな影響を与えます。

また、暗号資産が中央銀行の金融政策の影響を受けないという問題もあります。そのため仮想通貨が主流になることで、中央銀行の金融政策の効果を阻害する可能性が高くなるのです。

仮にインフレ懸念があるとき、景気の過熱を抑えるために中央銀行は金利を上げ、通貨量を絞って景気調節を行いますが、国家の枠組みを超え、国家の監督下にない暗号資産が肥大し、それが一定量の資金として流動するようになると、中央銀行による景気のコントロールが利かなくなってしまう可能性があるわけです。

特に経済規模の小さな国では、仮想通貨が国の経済政策に与える影響がより深刻になることが十分に考えられます。そうなれば、**暗号資産**は当然現在のブレトンウッズ体制、すなわちドルによる**金融支配体制をも脅かす存在になりかねない**のです。

ポイント

- 通貨発行権は国家の最大の特権の一つ
- 国家の統制下にない暗号資産の拡大は金融政策を無効化させる可能性がある

8 通貨覇権とウォール街 vs. シティ

Q そもそも「基軸通貨」って何？

A 世界中で使うことができる国際通貨で、戦後は「米ドル」です

◇海賊が支えた大英帝国

戦後の世界経済を支配したのはアメリカであり基軸通貨ドルです。しかし、それ以前に「基軸通貨」といっていい力を持っていたのは〝七つの海を支配〟したとされる大英帝国の「ポンド」であり、金本位制というグローバルなシステムでした。

そして、その**大英帝国の発展は国債金融センター「シティ」の存在**を抜きには語れません。ロンドン・シティという世界最初の金融帝国を築いたからこそ、戦争資金を低金利で賄うことが可能となり、海軍国家・大英帝国の戦争と貿易を支えることができたのです。したがって、大英帝国およびロンドン・シティの歴史を繙《ひもと》くことが、基軸通貨体制という世界支配のシステムを理解する近道となるのです。

１４９４年の「トルデシリャス条約」が示す通り、15世紀から16世紀は、ポルトガルとスペインが地球を二分するほどの勢力を誇っていました。しかし海外進出という点では、スペインはポルトガルに一歩出遅れます。

日本に最初に来たのもポルトガルでした。当時スペインの一部だったオランダは、16世紀末から反スペインの動きが激しくなり、最終的にスペインから独立します（１６４８年、ウェストファリア条約）。

以後、17世紀前半はオランダの興隆期であり、世界に広がるポルトガルの植民地を次々に奪っていきました。この時期、日本からポルトガルが追放されたのもその抗争の一局面を示しています。

これを宗教的に見ると、カソリックであるポルトガルとスペインが衰退するのにあわせて、カルヴァン主義のオランダ、プロテスタントのイギリスが興隆したということができます。

当時、イギリスはまだ後進国にすぎませんでした。じつは**後進国イギリスの海洋進出の原動力となったのは、海賊たち**です。

イギリスの海賊は統率のとれた船団、巧みな航海術によって、スペインやポルトガルの輸送船を襲い、財宝や貴重な産品を次々と強奪していきました。

この活躍を耳にしたイギリス王室のエリザベス女王は、海賊たちに王室が建造した船を与えて、国家事業としての海賊航海を認めたのです。その最たる例が、有名なフランシス・ドレイク船長の航海です。

海賊ドレイクは探検家マゼランに次いで世界一周を行うほどの航海技術を持っていましたが、彼らがスペイン船から掠奪した財宝は、エリザベス女王に献上され、大英帝国の財政を支えました。

2年10カ月の航海を経てドレイクがロンドンに戻ったときには、60万ポンドもの利益を上げ、エリザベス女王への配当金はなんと4700%にものぼったのです。

当時のイギリスの国家予算が20万ポンド程度であることを考えればその大きさがわかる

でしょう。

エリザベス女王はこの収益により、イギリスの債務をすべて返済し、残金を東インド会社による地中海貿易に投資します。

1887年には、ドレイクは海軍提督としてついにスペインの無敵艦隊を破りました。かくしてイギリス海軍の礎《いしずえ》を築いたのは海賊だったのです。

加えて、イギリスの産業革命が成し遂げられたのは、ドレイクがスペインやポルトガルが世界中に持っていた植民地から横取りした資本によるものでした。

産業革命により動力化された工場は、布などの大量生産を可能にし、イギリスは「世界の工場」とも呼ばれるようになりました。

これを見てもわかる通り、**経済発展と軍事力は国家を巨大にする両輪**なのです。

◇近代金融を確立させたイギリス

金融を発展させたのもイギリスです。

1693年には、国債に関する法律を制定し、翌94年には、世界初の中央銀行であるイングランド銀行を設立しました。

イングランド銀行はイギリス政府の国債を引き受ける代わりに、同額の「イングランド銀行券（紙幣）」を発行する権利を与えられたのです。

戦争が絶えなかったヨーロッパにおいて中央銀行ができる前までは、王室は戦争資金を金融資本家から借りなければならず、負ければ借金を取りはぐれる可能性があるため、おしなべて高金利でした。

しかし**中央銀行ができたおかげで、戦争のための巨額の資金も、イギリスは安定的に低利で借りることが可能となった**のです。

実際、敵国のフランスが5～6％もの利子で借金をしていたときに、イギリスは約半分の3％程度の利子で済みました。

ただし、イングランド銀行が今の中央銀行のように、通貨発行権を独占できる権利を持つようになったのは1844年の「銀行条例」まで待たねばなりませんでした。

こうしてイングランド銀行は政府だけではなく、国家の経済全般の金融を担うことになります。

現在の**世界中の多くの国の中央銀行がモデルにしているのは、このイングランド銀行**です。

それに対し、アメリカの中央銀行である「連邦準備制度（FRB）」ができたのは

1913年で、じつは日本銀行よりも遅いのです。

アメリカでは権力が集中する中央銀行に対する国民の警戒心が強かったからです。ちなみに日銀が設立されたのは1882年でした。

イギリスは財政と金融の安定化により、産業革命と植民地を経由する三角貿易などで「覇権国家」となり、その法定通貨であるポンドはいわば「世界の基軸通貨」となっていくのです。

◇金本位制

世界初の金融帝国となった一方で、イギリスは工業生産において、19世紀後半にはアメリカに、20世紀初頭にはドイツに抜かれてしまいます。それでも世界経済の覇者として君臨し続けることができた理由は、金融の中心地であり、金融システムが当時もっとも発達した国だったからです。

それだけ金融の力は絶大だということです。

そしてその力は今も「シティ」に引き継がれているのです。

英ポンドが基軸通貨になる過程を振り返ると、決定的だったのは1816年の金本位制の導入です。そして1821年には、ポンドと金を自由に兌換《だかん》（交換）することを世界に向けて保証しました。

金本位制というのは、金の裏付けによって通貨を発行することです。

つまり、その国の**金の保有量＝通貨の量**になります。

当時の世界では金にかぎらず銀や銅を基準とする制度が各地で混在していました。イギリスもそれまでは金と銀の両方を裏付けとする金銀複本位制をとっていたのですが、金・銀・銅の交換相場は流動的だったため、不安定だったのです。つまり通貨価値と為替が安定しないため、貿易には不便でした。

その安定をはかるために、金だけを基準とする金本位制を導入したのです。

実際、1822年から第1次世界大戦直前の1913年までの約90年の間、イギリスの物価はプラスマイナス30％を超えることがなかったといいます。

金本位制は当時の覇権国家イギリスが採用したため、世界各国が追随し、国際経済におけるグローバル・スタンダードになりました。

日本も明治政府が1897年に金本位制を導入しています。第1次世界大戦までは金本位制は世界の一等国の証《あかし》であり経済繁栄の象徴だったのです。

国際貿易の基軸通貨となった英ポンドは、その便利さゆえ、現在の米ドルのようにイギリスが介在しない取引においても使われるようになりました。第2次世界大戦前の日本が外国からモノを買うときは、日本円よりもポンドを使うことが多かったのです。

19世紀から20世紀初頭にかけて、イギリス一国だけで、世界貿易の20%前後を占めていたほどでした。

◇国際金融センター「シティ」の正体

当時の国際貿易の主な産品は綿製品でしたが、イギリスは世界の綿製品取引を一手に引き受けていました。綿製品の原料である綿花は、エジプト、インド、アメリカからロンドンに集められ、世界中のバイヤーが集まっていました。しかも、イギリスはその綿花を製品化した「綿製品」でも世界最大のシェアを持っていたのです。

世界の原料、綿製品の莫大な取引を金融面で取り仕切っていたのがロンドンのシティです。

シティは通称であり、**「シティ・オブ・ロンドン・コーポレーション」**の略称です。

「コーポレーション」というのは「会社」のことではなく、「ギルド（同業組合）」の集合体を示し、当時のシティには100を超えるギルドが集まっていました。

これは金融街へのイメージがない日本人にはわかりにくいと思いますが、シティはイギリスの国内自治領であり、一種の「治外法権」的地域になっているのです。

実際、イギリスの女王がシティに入るさいには、形式的とはいえ「ロンドン市長（Lord Mayor of the City of London）」の許可が必要ということになっています。

また、あまり知られていませんが、**ロンドンには2人の市長**が存在します。一人は選挙で選ばれる**大ロンドン市の市長**（Mayor of London）であり、もう一人が**自治領シティの市長**（名誉職一年交代）なのです。

それはともかく、シティは**「金融の治外法権地域＝自由」**であるということで、世界中の金融機関が集まっています。

その歴史は古く、18世紀後半にドイツやオランダなどヨーロッパからイギリスに移民していたベアリング、ロスチャイルド、ウォーバーグ、シュローダーなどのユダヤ商人たちであり、のちに「マーチャント・バンカー」（アメリカでは「インベストメント・バンカー」）と呼ばれる人たちが発展させてきました。

彼らは、様々な商品を扱って外国貿易を行っていましたが、やがて為替なども含めた金融業務を手掛けるようになります。海外との情報ネットワークを活用し、国際銀行業務の仕組みをつくりあげていきます。大英帝国の繁栄を商社として、また銀行として金融面からバックアップしていったのです。

◇敵国にもファイナンスする国際金融資本

シティはイギリスだけではなく、他国の国債などを引き受け、それを市場で消化する金融マーケットとして発展してきました。日本も日露戦争の戦費を調達するために最初に頼ったのはこのシティでの起債だったのです。

もちろん、アメリカの成長もシティのお金と無関係ではありません。

たとえばアメリカが、イギリスと敵対していたフランスのナポレオンからルイジアナ州を買収したときには、その買収資金である1500万ドルの米国債を現金化するのにファイナンスしたのは、シティのベアリング商会です。しかも英仏両政府はそのような国際金融資本の敵対行為を黙認しています。

それくらい当時、国際金融資本は政府に対して力を持っていたということです。

このように公債ビジネスはその始まりからグローバルであり、国際金融資本というのは、たとえ自国の敵対国家に対してもファイナンスをして儲けようとするのです。

ベアリング商会は、アメリカがニューメキシコを購入したさいにも、同様のことを行っています。

またアメリカは鉄道と共に発展した国ですが、その鉄道の大半は、イギリスの投資によって建設されたものなのです。

アメリカの急成長は、イギリスの投資なくしてはありえなかったといっても過言ではありません。それがのちにウォール街の発展を招き、自らの首を締めることになったとしても。

ともかく、シティでは大富豪による国外への資産移転、あるいは金（ゴールド）の現金化、保険取引など、自由であるがゆえに多種多様な金融取引が行われているのです。

かくして「シティ」は裏表を問わず世界の為替、投資、保険などを一手に引き受け世界の国際金融の「聖地」へと発展したのです。

◇大英帝国の衰退

絶対的な経済覇権を握っていたイギリスが凋落《ちょうらく》するのは、第1次世界大戦によってです。

第1次世界大戦においてイギリスは、本土が戦場になることはなかったものの、ドイツの潜水艦による海上封鎖を受け、経済的に大ダメージを受けました。

イギリスは食料や原材料の輸入が困難になり、また植民地への輸送ができなくなったため、植民地の離反を招いたのです。

第1次世界大戦で支出した戦費は約30億ポンドですが、これは、当時のイギリスのGDPの約20%に相当する金額です。この戦費は、国債発行で賄われ、財政赤字が膨らみました。また、人的損失でも戦争で約100万人の兵士が死亡し、約400万人が負傷。戦後のイギリスの労働力人口に大きな影響を与えました。

大戦末期にアメリカが参戦しなければ、ドイツに敗れていた可能性も否めません。辛くも勝利を収めることができたとはいえ、イギリスは危ない橋を渡ったのです。

大戦前には30億ドル近くアメリカに貸していたイギリスが、**大戦後には、アメリカの債務国となり、立場が逆転**してしまいました。

戦争によって生産力が下がったヨーロッパ諸国は、アメリカへ大量の軍需物資を発注しました。戦地から遠く離れていたアメリカは、戦争被害をまったく受けないまま、莫大な戦争特需を受けることになったのです。

アメリカのヨーロッパ諸国に対する債務はあっという間に消滅し、反対に巨額の債権を持つことになりました。こうして大英帝国だったイギリスは凋落し、弟分であったはずのアメリカの台頭を許したのです。

ポイント

- 海賊の軍事力と金融力が大英帝国の礎
- 為替の安定をはかり通貨のグローバル化を目指した金本位制
- シティは国家から「治外法権」を持ち、国際金融資本は敵国にも貸し付ける
- 第1次世界大戦で英米の立場が逆転

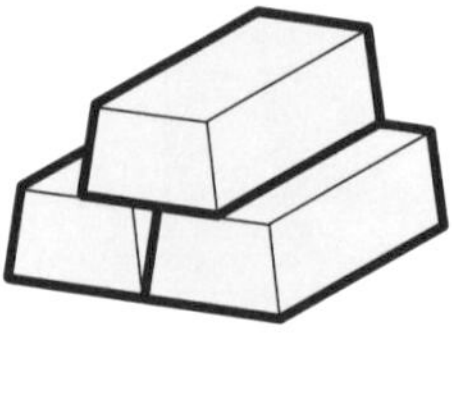

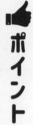

Q ドルが基軸通貨となった「ブレトンウッズ体制」とは？

A 米ドルだけが金と交換できる「疑似的金本位制＝ドル本位制」です

◇基軸通貨ドルのカラクリ

イギリス発の金本位制がグローバル・スタンダードだったなかにおいて、第1次世界大戦から第2次世界大戦の間に、ある国は金本位制から離脱したり、また、ある国は金本位制に戻ったりということが繰り返されました。

その結果、第2次世界大戦末期には、世界中の金の80％以上が、当時もっとも繁栄していたアメリカ一国に集中するようになったのです。

したがって、世界各国は、金本位制を採用したくても、金が足りないため通貨が発行できない状態に陥ります。

一方、金の保有量が世界一のアメリカは、本来その分だけ通貨を発行しなければならないのに、インフレになるのを警戒して金を貯めこんだまま通貨を刷りませんでした。ようするに、世界的に通貨が足りなくなるデフレに襲われたのです。

本来、金本位制のメカニズムは次のように調整されるはずでした。

貿易黒字で金の保有量が増えれば、黒字国の通貨量が増加↓
そのため黒字国はインフレとなり、輸出品が割高になり、国際競争力が低下↓
その結果、貿易黒字が減り、他の国の貿易赤字が解消される

しかし巨大な貿易黒字を抱えたアメリカが通貨を刷らなかったため、このメカニズムが働かず、デフレとなり大恐慌の原因となったのです。

そうしたことから、戦後の国際通貨体制のあり方を協議するため、1944年7月にアメリカ・ニューハンプシャー州のブレトンウッズで連合国国際通貨金融会議が開催されました。

このときに、**米ドルを世界の基軸通貨とする固定相場制の「ブレトンウッズ体制」**が発足したのです。

ここにおいて、金1オンス（約31・1035グラム）を35ドルと定め、各国の通貨と米ドルの為替レートを一定に保つ、ドルペッグ制がスタートしました。

たとえば日本では戦後、1949年にGHQ（連合国軍最高司令官総司令部）が「ドッジ・ライン」によって1ドル＝360円という円安の為替レートを設定して以来、1971年まで同レートが維持されました。

金と交換できる米ドルと一定のレートで両替を可能にすることで、各国の通貨の信用が担保されるというのが、ブレトンウッズ体制の仕組みです。「擬似的金本位制」と呼ばれるのもそれが理由です。

◇ペトロダラーシステム

このブレトンウッズ体制の誕生によって、米ドルが基軸通貨、すなわち世界の通貨としての地位を確かなものにしたわけです。

しかしその転機となったのが、1971年のニクソンショックです。これによって金とドルの交換が停止され、金とドルが分離することになります。ベトナム戦争で大量の戦費が必要になったアメリカが、国債発行による資金調達に耐えられなくなり、金との兌換を放棄したのです。

ふつうなら、その時点でドルの特権的地位も終了するはずでした。

ところが、この危機を打開すべくドルの信用を支えるために石油取引とリンクさせた「ペトロダラーシステム」を構築したのが、ニクソン政権時に国務長官だったヘンリー・キッシンジャーです。

1974年、キッシンジャーは当時、世界最大の産油国であったサウジアラビアの王朝政権と交渉し、同国がイスラエルや他のアラブ諸国から攻撃を受けた場合にはサウジ王家を守り、最新兵器の販売も認めることを条件に、その見返りとして同国の全石油取引をドル建てで行うこと、貿易黒字部分で米国債を購入することを約束させます（マリン・カツサ著、渡辺惣樹訳『コールダー・ウォー』草思社文庫）。

アメリカはサウジと契約すれば他のOPEC諸国も追随すると踏んでいましたが、まさに思惑通りになったのです。

実際、原油や穀物などの資源は、基本的にドル決済で、世界の国際決済の9割近くがドル建てであり、世界の債権の6割以上がドル建てです。

アメリカが覇権国家である理由の最たるものは、基軸通貨のドルによる石油と穀物の支配権です。基本的に、石油も穀物もドルでしか買えません。

となれば、世界経済が拡大すればするほど、ドルに対する需要は上がってくるわけです。米ドルはこのシステムがあるからこそ世界最強の地位を保つことができ、それを物理的に担保しているのが世界最強の米軍なのです。

アメリカはトランプ政権でエネルギー政策を一八〇度転換し、今ではエネルギー大国となりました。そういう意味ではペトロダラーシステムは当面盤石だといえるのです。

ポイント

- ドルが基軸通貨の地位を得たのは疑似金本位制による
- ニクソンショック後の基軸通貨の地位を支えた石油決済通貨の「ペトロダラーシステム」

Q なぜドルは暴落しないのか？

A ドル支配体制は世界諸国にとってもメリットがあるからです

◇世界一の債務国家

確かに、イギリスから経済覇権を奪ったときには、**アメリカは巨額の債権国家でした。それが今では世界一の債務国家に成り下がっています。**イギリスの例にならえば、覇権を失ってもおかしくないのに、なぜドルは暴落もせず基軸通貨の地位をキープできているのか。

それは東西冷戦下のブレトンウッズ体制において、ドル基軸通貨の恩恵を最大限享受してきたのは、アメリカ一国だけでなく西側自由主義国も同様であり、日本もその一員だからです。

したがって石油や穀物取引の決済に抜け穴をつくることは、基軸通貨のドルにとってはもちろん、日本のようにドルによって大きな恩恵を受けている経済圏にとってもマイナスにしかならないのです。

たとえば、ドル建てで石油を買わなければならない日本の購買力も低下していくことを意味するからです。

また、ドルの基軸体制には、ある国に融資した資金の回収が難しいという場合、ドルで決済している限り、アメリカがある程度まで取り立てをしてくれるシステムもあります。それが**「国際決済銀行（BIS）」**なのです。

1930年に、当時の主要国の共同出資によって設立されたBISは、第1次世界大戦で敗戦国となったドイツから賠償金を徴収し、債権国に分配することを主な業務にしていました。

BISが既存の金融システムを守る立場にあることは明らかでしょう。西側先進国といえばG7（先進7カ国）であり、ドル基軸通貨体制の恩恵をもっとも受けてきた国の集合体ともいえます。

G7ばかりではありません。中国もアセアン諸国も、アメリカ人の莫大な借金による消費に支えられて成長してきた面があるのです。

未曽有の量的緩和によりドルがあふれているため、ドルペッグしている国の通貨もじゃぶじゃぶ刷ることが可能なのです。

また、消費地としても、「14億人の市場」をうたう中国よりも、内需はアメリカのほうが倍以上大きい。したがって、「世界の工場」となった中国の安価な製品を大量に買ってくれたのが、アメリカだったのです。

いわば中国とアメリカ、というよりも、**中国共産党とグローバル企業がもっとも恩恵を受ける構造になっていて、その需要を支えていたのがアメリカ国民**だということです。

これが**現在の世界におけるマネーの構造**です。

1999年にヨーロッパ単一通貨のユーロが採用され、2016年には人民元が国際通貨入りし、ドル基軸に挑戦するかに見えました。とはいえ、世界最強の米軍と石油に支えられたドル基軸通貨体制は、今も変わらずに世界の金融マーケットを支配しているのです。

表向きはアメリカのドル基軸に挑戦しているように見える中国でさえ、ドルペッグによって自国通貨人民元の信用を担保・発行していたのです。

ポイント

・東西冷戦下でブレトンウッズ体制の恩恵を受けていたのは日本をはじめとする西側諸国
・冷戦崩壊後はアメリカ人の旺盛な消費に支えられ中国など新興国の経済も発展

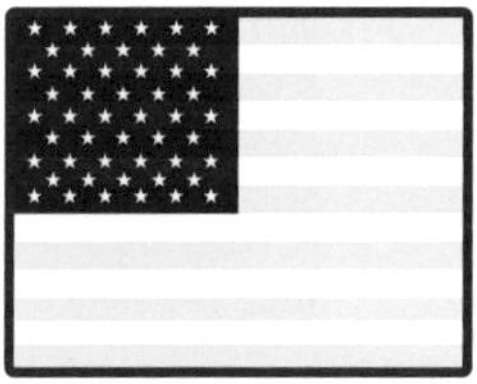

Q ウォール街とシティは対立しているの？

A 対立も協調も。ウォール街を凌駕する取引も少なくありません

◇シティの逆襲

確かに金融取引量自体はウォール街が世界一ですが、その大半は国内の金融機関です。対してアメリカ以外の世界の金融機関のシェアを見れば、シティのほうがウォール街を凌駕しているのです。

国際的な株取引や国際新規公開株ではウォール街を下回っているものの、**国際通貨取引や外国為替取扱量は依然としてシティが世界一**です。ドル自体の取引量は世界の貿易決済量で見るとシティが約4割で、ウォール街は2割ぐらいしかありません。

そして、その**シティの強さの象徴が「タックスヘイブン（租税回避地）」**です。

先に、シティは治外法権であり、自由であることの強みを述べましたが、このようなシティの存在そのものが世界のオフショアのモデルでもあるわけです。

その発端は、やはりかつて大英帝国が覇権国であった時代にさかのぼります。数多く有していた植民地や自治領におけるイギリス人の企業活動や金融活動を円滑に行うため、シティの金融機関はイギリス国内ではなく現地に金融子会社を設立し、国外に居住するイギリス人の資産管理や税務管理を行っていました。

これら植民地や自治領で税金を納めれば本国には税金を納める必要がないという仕組みにすることで、各地での商業・金融活動の発展を助け、また税率を下げることで世界各国から企業の進出を促し、本国のシティはその手数料で潤う、という金融システムを世界各地に広げようとしたわけです。

日本でも経済発展のために特別に規制緩和を許された「経済特区」がありますが、これも同様の発想のものでしょう。

オフショアの法律は、基本的にイギリスの法律と法制度にあわせてあり、またそのなかでもイギリス自治領においては、枢密院勅令により、イギリス外務省により立法はコントロールされています。ですから現在もオフショア金融センター、あるいはタックスヘイブンは、香港、シンガポール、ケイマン諸島、パナマ、英領バージン、マン島など、大英帝国の旧植民地や自治領がほとんどなのです。

ＢＩＳによると、２０２１年末時点で、イギリスとその海外領のオフショア銀行預金残高は、３兆２０００億ドルに達しました。これは、世界のオフショア市場の約55％を占める金額です。いわばオフショアの金融を支配しているのはシティであり、タックスヘイブンを利用して本国に税金を納めないアメリカ企業を吸い寄せているという点で、その大きな被害者はアメリカなのです。

第２次世界大戦後に覇権を失い、基軸通貨の地位をドルに奪われたイギリスは、ポンドの凋落に直面します。ＧＤＰも第２次世界大戦以前からアメリカ、ドイツに抜かれていましたが、戦後には日本と中国に抜かれ、２０２１年からは植民地だったインドの後塵を拝しています。

かつては7億人以上を支配していた大英帝国は、１９６５年にはわずか５０００万人の国民に減っています。

しかし、それは「国家」としてのイギリスであり、ポンドが凋落した今なお、**国際金融センターのシティは「自由」を強みに国際政治に絶大な影響力を与えている**のです。銀行・

証券・保険の垣根を撤廃した金融ビッグバンがイギリスから始まったことも忘れてはならないでしょう。

その力はウクライナ戦争でのロシアへの金融制裁でも明らかになりました。

ポイント

- 国際通貨取引や為替取引ではシティがウォール街を凌駕
- 金融の自由化を徹底させたタックスヘイブンでお金の流れを支配
- 「国家」としてのイギリスが凋落してもシティは国際政治に影響力を示している

9 金融危機のメカニズム

Q 銀行がつぶれるときはどんなとき？

A 債務超過ではなく〝取り付け騒ぎ〟です

◇「取り付け騒ぎ＝内部流出」

このことは企業の倒産とも通じますが、銀行が破綻する直接の原因は、銀行が債務超過に陥ることではなく、いわゆる「取り付け騒ぎ」によるものです。これを「内部流出」といいます。

預金者から預かった「預金」をもとに、信用創造によって融資を増やし、「短期調達・

長期運用」の利ザヤを抜くのが銀行業ですが、その大前提として、預金者が一斉に預金をおろすことはないだろうとの予測のうえに立っています。

しかし自分の預けたお金が危ないと不安に駆られた預金者が殺到するような不信を招けば、取り付け騒ぎとなり手元の資金が不足します。

すなわち**「流動性の危機」**です。

銀行は手元資金確保のために、保有する債権などの資産を現金化する必要に迫られますが、短期に資産を現金化しようとした場合、市場の状況次第で巨額の損失が発生してしまうのです。特に2022年の3月以降の利上げ局面＝債券市場が下落している状況だと、破綻したシリコンバレーバンク（SVC）のように一気に損失を被らざるをえなくなってしまいます。

ようするに「お前はカネを持っていない」と預金者に見定められたときが、〝銀行の死〟を意味するのです。

たちが悪いことに、この不信感は放っておけば他の金融機関にも連鎖します。そうなると**一国の金融システムが麻痺する「システミック・リスク」**を迎えるだけでなく、国そのものの信用が失墜する「ソブリンリスク」が発生します。そして、ついには資産が海外に逃げ出す「外部流出」を招くのです。

そのような事態を防ぐための中央銀行の役割が「最後の貸し手」です。

提唱者の**ウォルター・バジョット**による**「バジョット・ルール」**すなわち、信用不安に陥った金融機関に対して、高い利子をつけたうえで、即座に現金をふんだんに貸し出すのです。「お前はカネを持っていない」という預金者の不信感を払拭《ふっしょく》するわけです。

ポイント

- 信用創造で貸し出しを拡大している銀行は取り付け騒ぎに脆弱《ぜいじゃく》
- 銀行の取り付け騒ぎに対応するのが「最後の貸し手」である中央銀行の役割

Q 投資信託とヘッジファンドの違いは？

A 投資信託は初心者向け、ヘッジファンドは富裕層向けです

◇投資信託とヘッジファンド

「投資信託」とは、初心者を「投資」の世界に誘導することを目的とし、ハードルを下げるため「信託」という制度を利用した金融商品です。

「信託」は信託銀行の信託ですが、投資家から集めた資金を元に、様々な金融商品を運用し、運用益を投資家に還元するという仕組みです。株式や債券などの金融商品に分散投資することで、リスクを軽減し、長期的な資産形成を目指すことができます。

「ファンド」とは、広い意味では、資金を集約し、特定の目的のために運用する仕組みを指します。投資信託は、そのようなファンドの一種であり、投資家から集めた資金を元に、金融商品を運用し、運用益を投資家に還元する仕組みです。

投資信託のメリットは、①少額から投資できる、②リスクを分散できる、③専門家に運用を任せられる、④手数料が低い、があげられます。

投資信託は、初心者でも簡単に資産運用を始められるため、資産形成に有効な金融商品とされました。

通常、投資信託はその目的に応じて一定のルールのもとに投資を行います。そのため、相場の上下に左右されてルールである運用方針から外れた運用を行うことはありません。

また耳にすることが多い「ヘッジファンド」とは、富裕層や大口投資家を対象としたファンドです。「ヘッジ」とは資産の目減りを避けるという意味ですが、ヘッジファンドは相場が上がっても下がっても利益追及することが目的なので、様々な手法を柔軟に用いて資産の目減りを防ぎながら積極的に運用するのです。

そして投資先が主に未公開企業のファンドが「ベンチャーファンド」で、「ベンチャーキャピタル」ともいわれています。

環境（Environment）、社会（Social）、ガバナンス（Governance）の3つの要素を重視して投資を行う「ESGファンド」もあります。〝SDGsバブル〟に乗って多くのESGファンドが設立されましたが、バブル崩壊とともに2023年3月には大手格付け会社が一斉格下げをしています（詳しくは拙著『ＳＤＧｓバブル崩壊』徳間書店）。

それはともかく、ファンドや投資信託は「投資対象」「投資地域」「投資方法」「投資スタイル」を見れば、その性格がわかるようになっています。

先に投資信託とは初心者を投資に誘導するためと述べましたが、日本ではそのための制度が2つあります。**「iDeCo（イデコ）」と「つみたてNISA」**です。

イデコを利用すれば、投資額が全額所得控除になるほか、受取り時には退職所得控除や公的年金等控除が適用されるなど、税制面で優遇されています。

また、つみたてＮＩＳＡなら、毎年40万円までの投資で最長20年間、利益が出ても非課税になります。金融庁指定の基準を満たした低コストで長期・分散・つみたてに適したつみたてＮＩＳＡ専用の投資信託もあります。

信託を受けることとは、かつては信託銀行にしか認められていませんでしたが、２００１年の規制緩和以来、市中銀行も同様のビジネスを行えるようになりました。今では銀行でなくても信託業務でビジネスができる「信託会社」が増えています。

ただし、利上げによりリスク分散の投資信託がリスク拡散になる可能性も否めないのです。

◇J-REIT

投資信託には契約型と会社型の2種類があり、後者を日本では「投資法人」といいます。株式のように証券取引所に上場されており、投資家は投資法人の株式（投資口）を購入することで、投資法人の資産に間接的に投資することができます。

投資信託は、通常特定の資産に投資しませんが、投資法人は、特定の資産に投資するという違いもあります。

また、レバレッジ（借り入れを利用してリターンを上げること）効果で投資家へのリターンを高めることができるのも、契約型投資信託にはないポイントです。

たとえば、**代表的な投資法人である「J-REIT」**。これは英語の「Real Estate Investment Trust（不動産投資信託）」の略でリートと読み、その日本版だから「J－REIT」です。投資家から集めた資金で、オフィスビルや商業施設など複数の不動産を購入し、そこから得られる賃料収入や不動産売却益を投資家に分配します。

J－REITは株式会社でいうところの株式にあたる「投資証券」を発行し、J－REITに投資する投資家は、この投資証券を購入するのです。

したがって、J－REITは、設立された投資法人そのものではなく、投資証券を上場した段階によって認識されるのです。そのため、不動産に投資する投資法人であっても、上場していないいわゆる「私募REIT」はJ－REITとはみなされません。

日本でJ－REITの最初の銘柄が東京証券取引所に上場したのは2001年。現在の上場銘柄数は約60で、時価総額の合計は16兆円にのぼります。

一般に投資法人は、利益の90％以上を配当することなどを条件に、法人税がかかる前の利益を投資家に配当することができます。投資信託でも信託の段階では税金がかかりませんが、同様の措置が投資法人にもあるのです。

同じ法人であっても、会社の利益に対する法人税がかかったあとでしかできない株式会社とはそこが違います。

もっとも、株式会社の配当については、個人であれば配当控除、法人であれば受取配当の益金不算入という、二重課税を避ける制度が用意されています。

J－REITを設立するのは主に不動産会社です。J－REITそのものは購入した不動産の受益権しか持たず、不動産の売買や管理といった業務は不動産会社傘下の運用会社が担っているのです。

不動産会社にとってＪ－ＲＥＩＴは不動産の有力な売り先であるためなるべく高く売りたい。反対にＪ－ＲＥＩＴを購入する投資家は収益を上げるため安く買いたい。そのため利益相反するリスクを常に抱えているのです。

ただし、Ｊ－ＲＥＩＴには法令やその他のルールで、取引価格を透明化するなど投資家に対する忠実義務や禁止行為、違反があったときの処分などが定められ、歯止めがかけられてはいます。

◇不動産私募ファンド

ここでレバレッジ効果によるハイリターンの例をあげましょう。

たとえばＪ－ＲＥＩＴが１００億円の自己資金で不動産を取得した場合、Ｊ－ＲＥＩＴは、年間10億円の賃料収入を得ることができます。一方、Ｊ－ＲＥＩＴが１００億円の自己資金で不動産を取得し、50億円を年利２％で借りた場合、Ｊ－ＲＥＩＴは、年間15億円の賃料収入を得ることができます。この場合、Ｊ－ＲＥＩＴは、借入金の金利を１億円払っても、４億円の追加の賃料収入を得ることができます。

つまり自己資本では10％だったリターンが、14％になるのです。

これがレバレッジ効果です。

このように、J－REITはレバレッジを積極的に活用します。

投資信託や投資法人は、多数の投資家から資金を集めるのに適しています。

一方、不動産私募ファンドというのもあります。

「私募」という言葉が示すように公募でない、つまり、少数の投資家から集めた資金を不動産で運用する仕組みのことをいいます。

ちなみに日本の法律では、「公募」とはプロ以外の投資家50名以上に勧誘することです。

不動産私募ファンドの特徴は、J－REITよりも一層高いレバレッジを求めます。

J－REITの場合、負債の上限が総資産の50％から60％程度に設定されていますが、不動産私募ファンドの場合は、80％程度を金融機関の借入で賄うことも珍しくありません。取得価格の90％から95％程度を借り入れていることもあります。

しかしリーマンショック以降、不動産私募ファンドが大きな損失を被る例が続出しました。

ポイント

・投資信託とはファンドの一種で、初心者でも投資しやすいように「信託」を利用してハードルを下げた金融商品
・ヘッジファンドは富裕層や大口投資家を対象
・投資信託には契約型と会社型があり、日本では後者を「投資法人」と呼ぶ。投資法人はレバレッジをかけ、より高い配当をするのが特徴
・代表的な投資法人は不動産を投資対象とするJ－REIT
・J－REITよりも一層のレバレッジをかける不動産私募ファンド。しかしリーマンショック以降は大きな損失を被る例が続出

Q 金融危機はなぜ起きるのか?

A 「フェイクマネー」が膨張し、信用バブルが崩壊するからです

◇「フェイクマネーバブル」

金融が〝信用〟によって成り立っていることは繰り返し述べてきたことです。銀行は信用創造によって、預金以上の貸し出しを行います。また、金融は人々の欲望を駆り立てる〝投機的〟な要素も強く持っているのです。

一般に、中央銀行が発行する「真水」のお金に対し、その**信用をもとに膨れ上がった資金を「フェイクマネー」**と呼びます。

サブプライム問題の**「サブプライム」とは「信用力が低い」**という意味で、本来は投資不適格である低所得者層にまで融資を広げてしまったことに大きな問題がありました。

「サブプライム・ローン」が〝証券化〟されたさいには、**「資産担保証券(ABS)」**とい

う**「ハイリスク・ハイリターン」の金融派生商品**がつくられ、さらにＡＢＳを担保にした**「ＡＢＳ　ＣＤＯ（ＣＤＯは債務担保証券の略語）」**という金融商品が組成されていきました。
それによって、フェイクマネーがどんどん膨らみ、結果的に真水のお金の70倍程度まで世界の資金量が増大したといわれています。

◇バブル崩壊のメカニズム

それが、２００８年9月に起きたリーマンショックによってフェイクマネーは一気に消失し、70倍まで膨れたフェイクマネーは35倍程度まで急速に縮小しました。

当然、株式市場で信用取引を行っていた人たちは、株式の暴落によって保証金がなくなるため、「追証（追加保証金）」を入れるか、強制的に反対売買（買いポジションなら売り、売りポジションなら買い）が行われる「強制決済」をされることになります。

たとえば10万円の保証金で10倍の「レバレッジ（借り入れを利用してリターンを上げること）」をかけて信用取引を行った場合、１００万円の株取引ができます。しかし、株価が10％下落すると、10万円の保証金が消失してしまうのです。

投資家が追証を入れられれば、株を持ち続けることができますが、そうでないと強制決済され、市場からは100万円の資金が消えることになります。そして、それに連動して、換金や利益確定売りが頻発し、さらに株価を押し下げて市場全体の資金量を減らすという負の連鎖が起きるのです。

手元資金確保のために、株式、債券、不動産、商品など様々なものが投げ売られ、信用創造でつくられたお金であるフェイクマネーが消えていく。これが「バブル崩壊」のメカニズムです。

前述したように**リーマンショックでは70倍程度まで膨れたフェイクマネーが一気に35倍程度まで縮小した**といわれています。このとき、全体的な資金量減少を補うため、中央銀行が膨大な資金を市場に流しました。

真水1に対して70倍率だったものが、35倍に低下したため、計算上では、真水を2にすれば同じ資金量を維持できるはずです。しかし、いったん消えた信用はなかなか戻りません。負の連鎖が起きているため、サブプライム問題発生前の4倍弱まで真水の資金を増やす必要に迫られたのです。

ポイント

・「フェイクマネー」の膨張に一役買ったのは資産の「証券化」
・リーマンショックのさいには現金の70倍もあったフェイクマネーが一気に35倍に縮小

Q バブルを膨張させた資産の「証券化」とは？

A メリットも大きいが、複雑化するにつれ危機の元凶になりました

◇証券化

従来型の金融では、借り手（ローンを組む人）と貸し手（銀行など）が相対であり、ローンのリスク管理を貸し手が行っていました。

しかし、**現在では、ローン債権を銀行が格付けを付けて証券化し、それを他者に売却し**ているわけです。

証券化するためのプロセスは、資金調達をしたい会社や金融機関が、特定の資産をペーパー会社に譲渡し、そのペーパー会社が資金を調達する、というものです。

証券化のために設立される会社は「特別目的会社（ＳＰＣ）」と呼ばれ、証券化のため

だけにつくられたペーパー会社です。中国ではこれを「融資平台」と呼んでいます。

企業はSPCに資産を譲渡（＝売却）した時点で資金調達ができるし、SPCは質のよい資産だけを保有するため、元の資産保有者の資金調達よりも有利＝低利で借りられる可能性が高いのです。このようにメリットだらけなのですが、そのためにはSPCと元の資産保有者との関係が切り離されていなければなりません。ここでの法律的な技術は「倒産隔離」、会計上の技術は「オフ・バランス」といいます。

いずれも元の資産保有者が倒産したときに、SPCに倒産の影響が及ばないようにするための措置です。証券化商品を購入する投資家からすれば当然のことでしょう。

◇CDOとCDS

ローン債権を証券化し第三者に売っているため、貸し手のリスクが曖昧になっている側面があります。このような債権を「債務担保証券（CDO）」と呼びます。

また、CDOが複数組み合わせられ再組成された債券も多く、元になる担保が不明になってしまっているのが現状です。

その過程で格付けや「クレジット・デフォルト・スワップ（CDS）」による保証など

の手法を加えられ、見栄えのよい信用度の高い証券として市場に流通していたのです。

ＣＤＳというのは、発行体の信用リスクを回避するために、デフォルトが起きたときに補償してくれる保険の役割を果たす金融派生商品です。

そのような保証があるとされたため、サブプライムのような個々の住宅ローンのリスクは見えなくなり、証券化商品の持つリスクは覆い隠されました。

住宅価格が上がり続ければよかったのですが、資産バブルが崩壊し、値崩れしたため貸し倒れが増えたのです。

リーマンショックはこの証券化という「金融工学」への依存から生み出されました。そしてそのさいに保険の役割を果たすはずのＣＤＳが投機として利用され、金融危機を増長させることにしかならなかったことも判明しました。

米大手生命保険会社の「ＡＩＧ（アメリカン・インターナショナル・グループ）」が、マン・ブラザーズの保有していた債券についてＣＤＳによる多額の保証を行っていたために、同社が負担しなければならなかった元本の総額は４４１０億ドルにものぼりました。

ＣＤＳの問題の根本は、仮に生命保険を例にとると、「私一人の命に多くの人間が保険をかけている状況を生み出した」ということです。したがって、私が死ねば、保険会社は私の遺族だけでなく、見ず知らずの膨大な他人にまで保険料を支払わなければならなくなったのです。そしてそのような馬鹿げた事態が実際に起きてしまったのです。

米政府が保証したためAIGは何とか生き残ることができましたが、もし破綻していたらCDSを購入していた投資家たちも多額の負債を負うことになり、連鎖的に破綻を起こす可能性があったのです。

その一方で、サブプライム債が破綻することを見越してCDSを買いあさったヘッジファンドや投資銀行もいました。彼らは客にサブプライム債を売りつけておきながら自分たちはCDSを買って大儲けしていたのです。

リーマンショックでは、これらの債券が暴落したことで、大きな金融危機となりました。

◇格付け会社

また商品の信用を支えるのが「格付け」ということになるのですが、格付け会社は民間企業であり、営利を目的とした企業にすぎません。

リーマンショックでは甘い格付けを与えていた格付け会社が非難され、役員が米国議会で証言することになりました。格付け会社の言い分は「格付けは一つの意見であり、憲法で保障された言論の自由」であるというものであり、その責任から逃げ続けました。

現在、登録格付け業者制度などにより監視は強化されていますが、「格付け」はあくまでも一つの意見としてみる必要があります。

また、格付け会社は裏格付けともいえる格付けも公表（基本有料）しています。これはＭＩＲ（マーケット・インプライド・レーティング：市場内包型格付）というもので、市場価格などを反映した格付けということになります。実はこちらのほうが実態に近いといえます。

ポイント

- ローン債権を証券化したＣＤＯがリスクを拡大
- 保険となるはずのＣＤＳも危機を助長させた
- 格付け会社の正体は営利を目的とした企業にすぎない

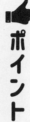

10 強欲資本主義の崩壊

Q 「金融資本主義」の問題とは？

A 「強欲資本主義」とも批判され、超格差社会を生み出しました

◇金融資本主義

1945年の第2次世界大戦の終結にともない、世界は、資本主義を信奉する西側諸国と共産主義を信奉する東側諸国という2大ブロックに分断されました。その結果、世界には西側諸国と東側諸国という独立した経済圏が2つ生まれ、冷戦時代を迎えたのです。

その冷戦時代に米ドルによるブレトンウッズ体制の恩恵を受けてきたのが西側諸国であることはすでに述べました。

1991年にソ連が崩壊し、アメリカの一極支配が進むとともに、グローバル資本による「金融資本主義」が世界を席巻します。

これまでのグローバル資本による金融モデルは、金融のポンプ役である銀行の仲介のもとに、先進国が新興国に対して投資を行い、そこであがった利益を配当や金利という形で自国に持ち帰るものでした。

先進国は、新興国の安い労働力を利用し、モノやお金を吸い上げることによって経済をまわしてきました。30年以上もかけて日米欧は生産拠点を自国から新興国に移し、新興国から吸い上げた富を運用する、いわゆる**「金融主導型社会」**とでもいうべき金融モデルが、**先進国経済を支えてきた**のです。

アメリカがその典型で、国内から製造業がどんどん失われていく半面、経済成長が起きていたのは、国内の空洞化を代償に、海外に投資した資金を国内に還流させることで、サービス業に代表される第3次産業を拡大させ、経済をプラス方向に成長させてきたからです。

したがって、アメリカの生産性の低さが問題とされているのは、工業化に比べ生産性が著しく低いサービス業にシフトしているという構造的な問題なのです。

前述のようにウォール街を中心に金融資本は様々な資本を証券化し、新たに「金融派生商品（デリバティブ）」を開発しては金融バブルを膨らませてきました。

その象徴例が、本来は家を買えないような人に過剰な与信を設定して融資を行ったサブプライム・ローン問題や、**「パナマ文書」によって暴かれたタックス・ヘイブン（租税回避地）**を利用することで支払うべき税金を払わずに「タダ乗り」をした租税回避問題などです。

また、企業買収にしても、ウォール街では収入から外部への支出を差し引いて手元に残った資金やその資金の流れである「キャッシュフロー」だけを見て、事業を切り捨て、リストラをしてコストカットします。

本来の銀行業務である、企業ごとの特性をみたうえで、事業を改革したり、新製品を開発するといった発想はなく、株価を上げるためだけにコストカットすることしか頭にないのです。

ようは、優良な企業の株をなるべく安く買いたたき、高く売りつけることに日々邁進していたのです。

まさに**「強欲資本主義」と揶揄される金融資本主義の姿**です。

◇新自由主義の終わり

結果から考えると、ニクソンショックにより、カネの軛《くびき》から解放されたときから、金融資本主義の堕落は始まっていたともいえるのかも知れません。

しかもフェイクマネーにより、信用取引で現資産の何倍もの取引ができるようになったばかりか、金融自由化の名のもとで、コンプライアンス的にも倫理的にも問題のある金融商品が数多くつくられるようになり、その結果、バブルがバブルを呼び、マネーゲーム全盛になったのが金融主導型資本主義のなれの果てなのです。

しかしいきすぎた自由主義は、野放図な融資や金融商品の粗製濫造を招き、それ自身が資本主義に対する大きなリスクとなって跳ね返ってきたわけです。

「新自由主義」とは、政府は経済に介入せず（小さな政府）規制緩和によって民間がすべてやればいいというもので、この潮流はグローバル企業の進出とともに世界を席巻しました。

その最たる例が、アメリカの投資銀行に代表されるグローバル金融機関のビジネスモデルです。

アメリカの**4大投資銀行（ゴールドマン・サックス、モルガン・スタンレー、J・P・**

モルガン、メリルリンチ）は、従来、政府の支援を得ないこととひきかえに自由な営業が許されていました。

つまり、「自分たちのお金だから、自分たちがそれをどのように使おうが、国家は関与すべきではない」というのが彼らの言い分でした。

しかし**リーマンショックの結果**、この**4大投資銀行が銀行免許を取得してFRB（連邦準備制度理事会）の監督下**となりました。FRBから資金援助を受けられる仕組みがつくられると同時に、当局からの監督を受けることになったのです。

すべての銀行に対して「銀行の健全性審査（ストレステスト）」が実施され、資本不足に陥っていた銀行に資本供給が行われました。つまり、税金の投入をもって国家による救済が行われた以上、もはや自由放任とはいかなくなり、経済活動における完全な自由は、事実上なくなったわけです。

しかしその代償はあまりにも大きく、アメリカ社会の中間層の没落をもたらし、「プア・ホワイト」と呼ばれる白人の貧困者をはじめとする、多数の貧困層を生み出してしまったのです。

ポイント

・新興国の安い労働力を利用しモノやお金を吸い上げることにより、巨利をむさぼってきたのがグローバル企業と金融資本だった
・その結果、自国の工業生産の空洞化と超格差社会を生んだ
・しかしそのグローバリズムの潮流を生み出した「新自由主義」は、リーマンショック後終わりを迎えた

Q どうしてグローバル金融機関はそんなに貪欲なのか？

A 富の収奪を目的とする〝植民地会社〟がその正体だからです

◇グローバル金融機関

冷戦とは資本主義の崩壊ののちに実現するとされた「共産主義」への幻想のもとに成り立っていた体制でした。したがって、その退潮が顕在化してきた1980年代から、新自由主義が台頭し始めたのは注目に値します。

というのも、小さな政府を志向するこの思想はグローバリズムとなり、「ワン・ワールド化」を支え、最終的には国家を破壊するエネルギーを持っていたからです。

共産主義というのは国家なき世界です。つまり、国境をなくすという点では、新自由主義も共産主義も同じ穴のムジナなのです。

新自由主義が台頭した結果、国家は企業や個人のいっさいの活動に規制や介入を行うべきではないとか、政府の規制を緩和もしくは撤廃し、すべてを民間に任せるべきだという考え方が世界中に広まり、それを実践し、かつもっともその恩恵を受けてきたのが前述のグローバル企業でした。

ゴールドマン・サックスやHSBC（HSBCホールディングス）、スタンダードチャータード銀行、ロイヤルバンク・オブ・スコットランド、BNPパリバ、INGグループなどの巨大なグローバル金融機関やグローバル企業は世界各地で経済を支配し、席巻してきました。

とりわけ、世界経済に大きな力を及ぼしてきた**「国際金融資本」**や**「グローバル金融機関」**は、もともとは**植民地会社「コロニー・カンパニー」**をその発祥としています。

そしてその本性は、いまだに変わっていないといっても過言ではありません。

かつて西欧の先進国は、農業プランテーションによって新興国の労働力を低賃金で搾取し、コーヒーや茶、サトウキビ、ゴムなどの輸出を目的とした作物を生産させ、それを母国に持ち帰るという形で、自らの労働力を使わずに経済をつくりあげていきました。

その後、産業革命以降の近代化を経て新興国も工業化を進めていくなかで、新興国で工業製品を安くつくらせて先進国に輸出する工業プランテーションが盛んになっていきます。

これは金融の仕組みを利用した資本型のプランテーションといってもいいもので、グローバル金融機関がいわばポンプの役割を担い、先進国の資金を新興国に移動させ、新興国から生じる金融収益を先進国に還元させていたのです。

その主体となったのが、植民地会社および当時の郵便会社だったのです。「国際郵便約款」という取り決めがあることからもわかる通り、郵便の世界はワンルールで動いています。

郵便局は郵便や小包などを輸送する一方で現金も扱っていますが、このような、物流と金融を兼ねた経済主体は、オランダポスト、ドイツポスト、イギリスポストが元になってできあがったものなのです。

こうした郵便会社や、かつての植民地会社およびそれらに付随する商人たちがつくりあげてきたものが、まさしく国際金融資本の正体だったのです。

ビックテックのGAFAにしても、その経営手法は極めて「帝国主義」的です。採算度外視で安売り攻勢をかけライバル社をつぶすか買収し、市場を独占したうえで、価格を自由に引き上げる戦略をとります。

グローバル企業にはそうした帝国主義的本性があるということなのでしょう。

ポイント

・国際金融資本は、農業プランテーションを金融の仕組みを利用した資本型プランテーションに変えて現代の植民地経営を行っている
・そこに郵便会社も加わり、ワン・ワールド化を目指す

11 バブル崩壊後の行方

Q なぜバブルは弾ける？

A 膨れ上がった資産価格が臨界点となる「ミンスキーモーメント」を迎えるからです

バブル崩壊や金融危機を論じるうえで欠くことのできないのが「ミンスキー・モーメント」です。

ミンスキー・モーメントとは、アメリカの経済学者、ハイマン・ミンスキーの名にちなんだもので、ミンスキーは金融市場の恒常的な不安定性を示す「金融不安定性仮説」を提唱していることで知られる人物です。

彼は信用循環や景気循環によって膨れ上がっていた資産価格は、ある時点で臨界点を迎えて急落することを唱えました。

資本主義経済が内生的な運動の結果として、流動性危機を惹起《じゃっき》し、深刻な負債デフレに陥ることを示唆《しさ》します。

ミンスキーは金融不安定性仮説のなかで、金融を次の3つの形態に分けました。

①ヘッジ金融：通常のキャシュフローで債務の支払いが元利分とも可能な状態
②投機的金融：元本返済は不可だが金利分は支払える状態
③ポンツィ金融：通常のキャシュフローでは金利分すら支払えない状態

金融危機が発生するメカニズムはこうです。

景気がよくなり信用が拡大していくと、貸し手はより問題のある金融契約をも受容するようになり、それが限界まで達すると、金融機関のバランスシートや経済全体に占める②「投機的金融」や③「ポンツィ金融」の比率が増大し、金融構造が脆弱化することで金融危機が生じる。

まさにサブプライム危機がそれに該当します。

ちなみにポンツィ金融の「ポンツィ」とは1920年代にボストンで「ポンジ・スキーム」と呼ばれる手法の投資詐欺、ねずみ講を行った詐欺師の名前からとったものです。

もしミンスキー・モーメントを迎えると、まず株価が下落↓それにともなって銀行は不良債権が増加すると同時に信用が悪化↓融資に対して慎重になった銀行は貸し渋りや貸しはがしを行い、それが資産価格の下落を招く↓さらに株価が下落する、というように負の連鎖が起こるのです。

ポイント

・ミンスキーは「金融不安定性仮説」で、金融を①ヘッジ金融、②投機的金融、③ポンツィ金融に分け、②と③の比率が増大することにより金融危機が生じるメカニズムを説いた

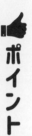

Q 不動産バブル崩壊が終わるとどうなる？

A 不動産価格が適正化され新たな買い手が生まれます

不動産バブル崩壊が終わるときは、不動産の価格が適正化され、新たな買い手が生まれることになります。

では、不動産価格はいくらが妥当なのでしょうか。

これは不動産の「家賃利回り」と平均価格の「年収比率」でおおよその適正価格を導き出すことができます。

たとえば、1000万円で購入したマンションの月家賃収入が10万円だとします。1000万円の購入金に対して、年間家賃は120万円、つまり120万円の収益ですから、年利12％ということになります。この不動産価格が2000万円ならば6％、

3000万円ならば4%ということになります。

また、需要次第で家賃のほうも変化します。

人気がない地域の物件は空きが増え、家賃が低下していくのです。逆に人気がある地域の物件の家賃は上がります。

この家賃利回りが不動産のローン金利よりも高くなれば逆ザヤ物件として保有し続けることが難しくなります。

もう一つの指標が不動産価格の年収に対する返済比率です。

これでローンを払い続けることができるかどうかが決まるわけです。

このため、通常のローン審査では、年収に対する返済比率が重視されることになります。基準は金融機関によって様々ですが、一般的には25~35%を目安にするのがよいとされています。

〈返済比率の計算式〉

返済比率……%=年間のすべてのローン返済額÷年収×100

たとえば毎月のローン返済額12・5万円（年間では150万円）、年収600万円の人の返済比率は次のようになります。

返済比率25％＝年間のローン返済額150万円÷年収600万円×100

金利等によっても返済比率は変わりますが、一般的には年収の8～10倍程度が適正値とされています。

日本のバブルのピーク時の返済比率は、18倍程度であり、ローンを払いきれない人が急増することで、バブルが弾けました。その結果、不動産価格が下落に転じ、ピークの3分の1程度まで下落した後、反転に転じています。

現在、不動産は世界的なバブル状態にあるとされ、特に中国の上海・北京では平均年収の40倍から50倍という異常な数値になっています。

これには中国独自の商慣習が大きな影響を与えています。日本など多くの国では、物件の引き渡し時に代金決済とローンの実行が行われます。しかし、中国では契約時に代金決済とローンの実行が行われるのです。

通常、分譲計画から完成まで2~3年程度の時間がかかり、不動産デベロッパーは、それまで資金が得られません。しかし中国の場合はこのタイムラグがなく、図面だけで売買が成立するのです。そして、契約書は売買の対象になっていました。このためバブルの膨れ上がる速度が非常に速いものになったのです。

ポイント

- 不動産は不動産の「家賃利回り」と平均価格の「年収比率」でおおよその適正価格が出せる
- 適正価格の年収に対する比率は8~10が適正であるが、日本のバブルでは18倍となり、中国では40~50倍という異常な数値になっている

12 利上げ、リスクの構造

Q なぜFRBは〝利上げ〟をするのか？そのリスクは？

A コロナ禍の世界異次元緩和によるインフレの後始末をするためです

◇資源通貨ドル

資源の決済は基本ドル建てです。このため、ドル金利（≒量）と資源価格は反比例する形になります。

原油価格の代表的な指標に、WTI（West Texas Intermediate）原油先物というものがあります。

エネルギー価格の高騰は、ウクライナ問題が大きな要素のようにいわれますが、これはその一つでしかありません。

コロナの発生により原油価格は急落するのですが、その後活動の正常化とともにエネルギー価格は上がり続けているのです。

特に２０２０年12月のコロナワクチン完成以降はそれが顕著で、世界的なコロナ感染の波と並行する形で上がり続けています。これが下落に転じたのは、２０２２年６月頃であり、米国の大幅な利上げと一致しているのです。

◇利上げをする理由

物価が継続的に上昇するインフレの場合、なぜ利上げをしなければならないかというと、銀行預金との間で逆ザヤ、つまり銀行に預けると預金者が損をしてしまう状態になってしまうからです。

たとえば預金金利が３％でインフレ率が７％だとすると、実質金利はマイナス４％となり、預金するだけで4％も目減りしてしまいます。そこで中央銀行が利上げをすることによって資産の減少を防ぐのです。さもないと誰も預金をしなくなるからです。

利上げを行うと、長期金利は、

通貨の誘導金利＋リスクプレミアム

となるので、これにより住宅ローン金利などが決まっていくわけです。

そうすると、前述したバブルの計算と一緒で、不動産利回りが7％の物件があったとして、金利が7％になると利益が出なくなります。8％になると逆ザヤになってしまいます。必然的に不動産関連の金融商品もすべてマイナスになってしまうのです。

したがって、利上げをすることにより逆ザヤを解消するとともに、市中にまわる資金量を減らし、過熱した需要を減退させ、インフレを抑え込む必要があるのです。

いわゆる緊縮財政政策であり、デフレ下で行われていた需要を生み出す財政出動はインフレ時にはやってはいけない政策です。

◇利上げの影響

おそらくこれがわかりづらいことの一つだと思いますが、金利というのは国というよりもそれぞれの通貨によって決まるということです。日本円LIBORを後継する金利指標としてTORFがあることはすでに述べた通りです。

いずれにせよ、FRBが利上げをすればすべてのドル建ての長期金利が上昇するということで、大きな変化を生むのです。

日本の場合は安定志向が強いので固定金利を望む人が多いのですが、**米国は基本的に変動金利なので影響が大きい**のです。

これを新興国で見た場合、世界の債権の6割以上がドル建てなので、FRBが約5%に金利を引き上げたということは、新興国の金利をごく簡単にいえば、「ドル建ての誘導金利＋リスクプレミアム」となります。

つまり「5%＋3～4%＝8～9%」の水準になってしまうのです。

さらにはGDPにも関わってきます。

たとえばGDPが5%の国であっても、金利が8%もあると実質GDPはマイナス3%になってしまいます。

しかも利上げはリスクプレミアムも一気に上げてしまう可能性があり、そうなると借入金利の上昇により、新規の借り入れも、借り換えが滞《とどこお》り、ただでさえ高い新興国のデフォルトリスクがさらに上昇する事態を招く恐れがあるのです。

ポイント

・FRBが利上げをする理由は物価上昇による逆ザヤを解消するため
・物価上昇は実質GDPを下げる
・緊縮財政政策により需要を減退させインフレを抑える

Q 利上げに対する各国の対応は？

A 新興国のデフォルトに備え新興国が協調して通貨の安全保障体制を整えています

新興国のデフォルトリスクを抑え、新興国一国では高い金利を支払わなければ得られない融資を低金利で調達するのが、ＡＤＢ（アジア開発銀行）や世界銀行など国際開発金融機関です。

◇国際開発金融機関

「国際開発金融機関（MDBs：Multilateral Development Banks）」とは**途上国の教育発展や医療向上、災害対策、環境配慮、貧困削減、知的貢献などを通じて総合的に支援**する国際機関の総称です。

一般的には全世界を支援対象とする世界銀行と各所轄地域を支援するＡＤＢや欧州復興開発銀行（ＥＢＲＤ）、アフリカ開発銀行（ＡｆＤＢ）、米州開発銀行（ＩＤＢ）など４つの地域開発金融機関を指しています。

これらの金融機関は日米欧などの先進国の保障がついているため、低金利での融資が可能なのです。

たとえば世界銀行（正確には世界銀行グループの国際復興開発銀行〔IBRD〕）は「世界銀行債（世銀債）」を発行することにより、新興国の発展を支えているのです。

投資家にとってみれば世銀債を購入することにより間接的に新興国を支援することにもなるのです。

◇債務の罠

しかしそうした国際開発金融機関の仕組みとは違い、**新興国を「債務の罠」にはめているのが中国**です。

これは**「債務トラップ」**とも呼ばれ、中国は新興国を借金漬けにし、債務の返済不能を盾に、政策や外交、インフラ運営などを中国の欲しいがままにするというものです。

有名なのはスリランカですが、同国は中国から高金利の融資を受けてハンバントタ港建設を行いましたが、最終的に返済不能になって、スリランカは２０１８年にハンバントタ港の運営権を中国国有企業に99年間貸与する契約を結ばされました。

一帯一路の名のもとに中国は世界中で同様の債務トラップを行っているのです。

しかし本来「債務の罠」はパリクラブによって禁止されていることです。

「パリクラブ（債権国会合）」とは、アルゼンチンが債務の履行を行えるように返済条件を変更して、将来に繰り延べる「リスケ」を話し合うため、債権国がパリに集まったのが始まりです（１９５６年）。

以降、アフリカや中南米諸国を中心にリスケの要請が頻繁に行われ、80年代に入り、現在のパリクラブと呼ばれる運営スタイルが確立されました。債権国であるフランス、イギリス、アメリカ、ドイツ、イタリア、日本、カナダの7カ国が話し合いのためにパリに集まることからそう呼ばれています。

パリクラブは債務国の経済事情を踏まえて、返済負担を軽減させ、返済しやすいリスケ条件を議論するのが目的です。また場合によってはＩＭＦや世界銀行などに融資させる。そうすることにより、債務国が確実に借金を返済できるようにするのです。

国対国のパリクラブに対し、商業銀行対国が「ロンドンクラブ」です。こちらの会議はロンドンで開催されます。

つまり、デフォルトリスクに陥った債務国を救済する体制としては、ＩＭＦ・世界銀行等の国際機関の融資による支援、ロンドンクラブなどの民間債権者グループによるリスケ、そして、公的債権者グループであるパリクラブによるリスケがあるのです。

ところが、中国はこのパリクラブに入らないまま**一帯一路のもと二国間融資を拡大し、新興国を借金の罠**に落としたのです。

本来の国際ルールでは、無利子融資でなければ、融資を受ける国が特定の条件を満たした場合にのみ融資が実行される「紐付き融資」はできません。こうした条件付き融資は、新興国にとって、経済政策の自主性を制限されるというデメリットがあるからです。

したがって、日本が円借款を行う場合も、無利子だと日本企業に仕事を流す紐付き融資が可能となります。それを中国は有利子融資で行っていたのです。

「債務の罠」で国際的な非難を受けた中国は２０１９年のG20により、開発途上国向け融資については、返済可能な範囲にとどめる「質の高いインフラ投資」を原則とすることで合意させられています。また、「共通枠組み」という名目で中国はパリクラブとの連動を約束しています。

◇通貨の安全保障

ブレトンウッズ体制から始まって1997年東アジア通貨危機を経て、もともとあったIMF体制を強化し、新興国が破綻しづらい体制を構築しました。

さらに**リーマンショック後は、世界5大中央銀行による「スワップ取極」が締結**されました。これはFRBが従来よりも良い条件でドルを他の中央銀行に供給し、それを中央銀行が民間銀行に供給することにより、流動性の危機を防ぐというものです。いわば金融機関への**「最後の貸し手」の役割を拡大**したものと考えればいいでしょう。

金融危機となり、アメリカ以外の世界の銀行の間でドルの調達が一時的に難しくなる事態を緩和するための枠組みです。

これは**FRBの「代理店構造」**になっており、FRBはドルオフショアと南米、イングランド銀行は大英連邦諸国、ECBはユーロ圏、日銀はアジア圏、スイス銀行はEUの非ユーロ圏といった具合に各地域に無制限のドル供給を担うことにより、一定のリスクの波及を防ぐわけです。

こうした通貨の安全保障体制により、今後半数が破綻するともいわれている新興国のソブリンリスクに対応していくのでしょう。

ポイント

・低金利で資金調達をし、新興国を支援するのが「国際開発金融機関」
・デフォルトリスクに陥った債務国を救済するためにＩＭＦ・世界銀行等の融資、パリクラブやロンドンクラブによるリスケがある
・ＦＲＢを中心とした世界5大中央銀行によりドルを無制限に供給する通貨の安全保障体制を構築

Q 世界の金融商品リスクは？

A 「資産担保証券（ABS）」やデリバティブを利用した仕組債などです

従来型の証券に比べ、金融工学が発達し、デリバティブなどを利用したいわゆる仕組債や様々な債券が生まれています。これがリーマンショックのさいにリスク分散のはずが、より一層リスクを高める結果を生んでしまったのです。

◇ESG投資

いわゆる格付け会社との間の問題はESGファンドの大規模格下げです。

SDGsでは「持続可能な開発目標」として17の目標を掲げていますが、「自然環境にとってよい企業か？」だとか「社会にとってよい企業か？」、「企業の収益は公正な競争で生まれているか？」といったように財務情報ではなく数値化できないものを価値としている点で政治的リスクをはらんでいました。

つまり**本来はお金にならないものをお金として評価**していたのです。

実際、これがムーブになった理由は、「理念」を信じたからではなく、バイデン政権が莫大な「グリーン予算」を組んだため、マネーが集中したからにすぎません。

ここにコロナ禍の異次元緩和が加わり、余ったマネーがなだれ込んだ一つが、**「ESG投資」**だったのです。それは明らかにバブルでした。

したがって、ESG投資格付けが一斉に引き下げられたのもむべなるかなです。

2022年12月から2023年1月にかけてアリアンツ・グローバル・インベスターズやブラックロックなど大手運用会社が、計1250億ドル（約16兆5000億円）超相当のESG資産を格下げすると、同年3月にはアメリカのMSCIがESG格付けを見直し、3万本以上のESGファンドの一斉格下げが明らかになったのです。全体の20％を占めていた「AAA」格付けのESGファンドは、格付け見直しによってわずか0.2％まで減少しました。

そして、バイデン政権のグリーン政策の中核銀行で民主党政権と一体となって行動していた銀行が、2023年3月に取り付け騒ぎにより経営破綻した「シリコンバレーバンク

（ＳＶＢ）」だったのです。

ＢＬＭ（ブラック・ライブズ・マター）活動資金８２８８万ドル（約１１２億円）のうち、７３４５万ドル（約98億円）はＳＶＢが寄付していたこともわかっています。

しかし、２０２２年11月の米中間選挙において共和党が下院で多数派となったため、グリーン関連の予算がつかなくなり、ＳＶＢのビジネスモデルが崩れたことが、その破綻の根底にあるのです。

大規模な資金流出が起きたうえ、ＳＶＢが投資していたサブプライム債に近いＭＢＳの金利が上昇し、価格が急速に下落します。

リーマンショック後、大規模な自己資本規制を受けた巨大銀行に対し、中小零細や地方銀行への監視は甘く、自由なままであったことが災いしたのです。

加えて安全資産として保有していたはずの米長期国債まで価格が下落し、取り付け騒ぎに対応できず破綻しました。

同様に、ＵＢＳに買収されたスイスの老舗銀行であるクレディ・スイスもグリーン関連により信用不安を抱え込んだのです。

このようにＥＳＧ投資のように政治的な思惑が強い商品は、逆にいうとそれゆえリスクが高いものだというのがわかります。

◇自己資本比率

欧州の銀行にとってその最大の懸念事項といわれているのが、いわゆる「偶発転換社債（CoCo債）」です。

リーマンショック後の2010年から始まった国際的な資本規制「バーゼル3」により、海外営業拠点（海外支店または海外現地法人）を有する銀行には「自己資本」の比率を8％以上に保つよう規制が強化されました。

「自己資本比率」とは、自己資本である左記の3種です。

・「普通株式等Tier1」：普通株式や内部留保などもっとも損失吸収力の高い資本
・「その他Tier1」：優先株式など
・「Tier2」：劣後債、劣後ローン等、および一般貸倒引当金（信用リスク・アセットの1.25％が算入上限）など

「リスク・アセット」とは、資産の各項目に各々のリスクウェイトを乗じて得た額の合計額（信用リスク）、資産の市場変動リスク相当額（マーケットリスク）および種々の事故リスク相当額（オペレーショナルリスク）の和です。

詳細な説明は省きますが、基本的には、銀行のリスクアセット（リスク資産）に対して、自己（株主）資本がどれだけの割合で存在し、損失を受けたとき自己資本でカバーできるようになっているかをはかる目安となるものです。自己資本比率は銀行の資産規模や国際的な決済の有無などにより最低維持すべき水準が違うものの、自己資本の割合が多ければ、それだけリスクを抑えることができるわけです。

たとえば、単純計算でいうと、自己資本比率が10％の場合、顧客からの預かり資産の10％までは棄損してもカバーできます。これが5％しかないと預り資産の棄損が5％を超え債務超過に陥ってしまうのです。

そして、リーマンショックや様々な過去の金融危機の反省から、「バーゼル1」（1988年7月）から「バーゼル2」（2004年6月）を経て「バーゼル3」において、国際金融機関国際的な取引をする中核的銀行に関しては、10％＋αの自己資本が求められるように規制が強化されたのです。

◇CoCo債

そのような**銀行の自己資本不足を解決するために生み出されたのが、「ハイブリッド証券」と呼ばれる金融商品であり、その代表格がCoCo債**です。

銀行の自己資本である「その他Tier1」に組み込むことができるため、資本強化が喫緊の課題であったヨーロッパの銀行はこれに飛びつきました。

というのも、銀行にとって株式発行は債券発行に比べコストが高く株式を希薄化し下落するリスクもあります。

そうかといって債券発行は、自己資本のなかでも「Tier2」となり株式発行と違って制限があります。

そのような状況のなかで、債券のように安く発行でき、株式のように格付けに影響を受けない銀行にとって都合のいい金融商品として生まれたのがCoCo債です。

現にヨーロッパの銀行はこぞってCoCo債を発行し、その市場規模は2023年3月末時点で約2500億ドル（約33兆3100億円）にのぼっています。

しかし問題なのは、CoCo債には「トリガー条項」があることです。

たとえば経営危機などで金融機関の自己資本が基準以下に目減りするとトリガー条項が発動され、株式転換や債券の減額が強制的に行われることになります。

ここで思い出していただきたいのが、金融機関が破綻した場合の返済順序です。

担保付債券（担保分のみ）＞無担保債券＞劣後債＞優先株＞普通株

つまり、ＣｏＣｏ債が株式転換されてしまうと返済順序がもっとも後回しにされ、元本割れはおろか価値がゼロになることもあるのです。

もともとＣｏＣｏ債は銀行にとって都合のいい債券なので、経営が悪化すると一気にリスクの高い商品に様変わりします。

日本において問題とされたのは、ＣｏＣｏ債の一種である「ＡＴ１債（その他Ｔｉｅｒ１債）」はハイリスクゆえのハイリターンなのにもかかわらず、トリガー条項などのハイリスクを地方銀行などの銀行員が顧客にきちんと説明していなかったことです。

実際、自己資金不足から２０１６年2月にはドイツ銀行ＡＴ１債が大量に（約46億ユーロ）債券から株式に転換されそうになり、それにともなってＣｏＣｏ債の信用は一気に低下しました。信用不安が他の金融機関にも広がり、ドイツのみならずユーロ圏全体の信用不安にも波及しかねない状況となったことがありました。

またクレディ・スイスが問題となったのもこのＡＴ１債です。約１６０億スイスフラン（約２・２兆円）分のＡＴ１債が無価値になったのです。

◇仕組債

日本で大きな問題となったのが**「仕組債＝債権＋デリバティブ」**です。

仕組債とは元本に利子がつく通常の債券に、オプションやスワップなどの「デリバティブ（金融派生商品）」取引を組み入れて高い利回りをうたう金融商品です。

「デリバティブ」とは、株式、債券、為替、商品などの金融商品の価格変動に連動して価格が変動する金融商品の総称です。

そのため株や為替が下落したさいには大きな損失を被るリスクがありました。

オプションとは、ある商品について、一カ月後や一年後に一定の数量を、あらかじめ決められた価格で、「買う権利」または「売る権利」を売買する取引をいいます。

先物取引とオプション取引は似てますが、後者は一定の手数料（オプション料）を払えば買う（売る）ことができるあくまで「権利」なので、いざ取引をするときに不利だと思えば放棄することもできるのです。ただし、そのさいオプション料は戻らないため、損をすることもあるのです。不動産の契約などで見られる「手付け金」の考え方に似ています。スワップとは、金利（固定金利と変動金利）や通貨（円と外貨）を交換する取引をいいます。

もともと仕組債は複雑でハイリスクなため、プロ向けに開発した商品でしたが、個人でも購入できるようになるとトラブルが続出しました。

なかでも、**個人向けに販売を伸ばしていたのが「他社株転換債（EB）」**です。

しかし、EBにはCoCo債と同じような株式に転換されるトリガー条項がありました。「ノックイン条項」といって、原資産等が一定の価格に達した場合に、権利が発生する条項のことです。また、反対に原資産等が一定の価格に達した場合に、権利が消滅する条項のことを「ノックアウト条項」といいます。

EBは連動する個別株の株価があらかじめ定めた価格である「ノックイン価格」を下回ると、満期日に償還金が支払われる代わりに、当該債券の発行者とは異なる会社の株式（他社株）が交付されるのです。

ＦＲＢの利上げとともにテック株が調整されたため、ＥＢもノックイン価格を下回るケースが続出しました。

◇毎月分配型

「年間利回り10％超えで配当が毎月もらえる」などと宣伝している毎月分配型の投信やファンドもおすすめできません。

なぜなら低金利の日本では、分配金を支払えるだけの運用益が出づらくなり、大半が元金を取り崩しながら分配金を渡していたことが明らかだからです。

日経新聞によると、毎月分配型ファンド約１１００本を対象に調べたところ、一年前に購入した場合、全体の３割弱で分配金の全額が元本払戻金だった（２０２２年12月末時点）といいます。

当たり前ですが、元本を取り崩している状況では、運用益はますますでなくなり、半面リスクは高まります。結局、投資家が損をする仕組みになっているのです。

ポイント

・ESGファンドなど政治的思惑の強い商品はハイリスク
・CoCo債は国際的な資本規制バーゼル3に対応するために生まれた商品
・ハイブリット債にあるデリバティブやトリガー条項、ノックイン条項などハイリスクの仕組みを抱えている

13 金融制裁の威力

Q ドル支配体制の金融制裁を教えて

A IEEPA法やその対象となった人が載るSDNリストなど様々なリストがあり、取引が禁止されます

◇経済安全保障

お金のやり取りをするうえで、避けては通れないのが経済安全保障です。米国は中国やロシアと対立していますが、そうした政治リスクを抜きに投資をすることはできないからです。経済安保を踏まえなければ制裁リスクが待っています。

基本的に、国家が行うべき安全保障には次の3つの柱があります。

①エネルギー安全保障
②食料安全保障
③経済安全保障

米国の強みはこの3つのうちエネルギーと食料という2つを牛耳《ぎゅうじ》っており、それがドルの裏付けにもなっているのです。

そのうえで、米国および西側諸国が一体となり、ロシア問題等においても様々な制裁をかけています。また、米国は中国に対しても輸出管理を強化するなど経済制裁を行っているのです。

それはどのような仕組みで行われているか見ていきましょう。

◇IEEPA法（国際緊急経済権限法）

米国の金融制裁には「伝家の宝刀」といわれるIEEPA法（国際緊急経済権限法）が

あります。これは、大統領令が非常事態宣言を出したうえで、国家の重大な脅威となる対象に対して、金融制裁や様々な制裁行為ができるとされている法律で、大統領令によって成立します。

たとえば次の項目を調査、規制、または禁止することができます。

①外国為替取引
②銀行間の、銀行による、銀行を介した、または銀行に対する、信用の移転または支払
③通貨または証券の輸出入
④米国の司法権の対象となる個人による、または財産に関する、通貨または証券の輸出入

◇SDNリスト（Specially Designated Nationals List）財務省OFAC（外国資産管理局）

IEEPA法に基づく大統領令で制裁対象となった人のリストがSDNリストであり、当該人物との米国人（企業団体を含む）との取引を禁じ、SDN対象者と取引した外国人と米国人の取引を禁じています。

つまり、SDNリスト対象と取引すると米国人（銀行を含む）と取引できなくなるわけです。

◇DPL（Denied Persons List）　商務省BIS（産業安全保障局）

「EAR（米国輸出管理規則）」に違反して輸出取引権限を剥奪《はくだつ》されている個人・企業・機関が掲載されているリストです。

DPLに掲載された企業とEAR対象品目の取引をすることは禁止されています。つまり、DPLに指定されるということは、実質、米国の市場から締め出されることを意味するのです。

そのため、日本国内の取引においても、リストに掲載されている企業・個人・団体等と取引するには許可が必要となり、許可申請したとしても原則不許可になります。

◇エンティティ・リスト（Entity List）　商務省BIS

米国の安全保障・外交政策上の利益に反する、または大量破壊兵器の開発等に関与した企業等のリストです。

「EAR Part744 Supplement No.4」に掲載され、官報において随時アップデートしたものが公表されます。

日本の企業や大学がＥＡＲ対象品目を再輸出するさいは、ＤＰＬ同様必ず確認しなければならないものです。

日本国内の取引においても、ＤＰＬ同様の許可が必要となるのですが、原則不許可になるでしょう。

◇未検証エンドユーザーリスト（Unverified List）商務省BIS

輸出許可審査時や出荷後確認（ＰＳＶ）時において懸念が払拭できなかったとして、米商務省が公表した企業・機関等が掲載されているリストです。

特に不正転売や大量破壊兵器の拡散リスクの観点から、ＥＡＲの禁止事項にあてはまらないことを念入りにチェックする必要があります。

具体的には、掲載顧客とＥＡＲ対象品目の取引をする場合は、許可例外は適用できず、また個別許可の取得が不要な場合、「ＥＡＲ§７４４・１５」で公表されているＵＶＬ（未検証リスト）文書を入手しなければなりません。

日本国内の取引も規制対象となり、慎重な審査が求められます。

◇ディバード・リスト（Debarred List）
国務省 DDTC（防衛貿易管理局）

武器輸出管理法（AECA）に違反した取引禁止のリストです。国務省が管轄するITAR（国際武器取引規制法）のもとで、輸出権限を剥奪されている企業・個人が掲載されています。

EAR規制対象品を輸出することは禁止されてはいませんが、取引をするさいには警戒が必要です。

ポイント

・金融制裁の「伝家の宝刀」は大統領令だけでできるIEEPA法
・IEEPA法の制裁対象者リストであるSDNリスト（財務省）をはじめ、商務省、国務省にも制裁者リストがある

Q シティの金融制裁は？

A 保険・再保険市場から排除され航空も航海も完全麻痺です

◇世界のルールメーカー

なぜイギリスのシティが力を持っているかといえば、グリニッジ平均時という国際的な基準時刻として採用された世界中のマーケットにアクセスしやすい「時間」を持っているためです。そこでシティは、世界の通貨を扱う中心地としてドル建てなど両替を行っていました。

前述したように、シティには様々なギルドが存在し、7つの海を支配していた大英帝国の時代からつくられていたルールが今も国際社会のルールとなっています。プラチナやゴールドといった貴金属、そしてなにより中核となるのが保険・再保険市場です。

そうした世界のルールメーカーとしての強みがシティにはあるのです。

◇保険・再保険

シティには世界最大級の保険市場および「ロイズ保険組合」があり、世界中の再保険を引き受けています。

ある保険会社が高額な保険契約を結んだ場合、保険支払いのさいに保険会社の経営自体が揺らぐ可能性があります。そこで、各保険会社は国内外の別の保険会社に、万が一の巨額支払いのために「保険」を依頼します。

そして、再保険を引き受けた保険会社はリスクを減らすためにさらに「再保険」を依頼する構造になっています。

したがって、ロイズの再保険を受けられなくなるということは、各国の保険会社が保険の引き受けを拒否することを意味し、世界中の貿易から締め出されることになるのです。

また、ロイズ保険業者とロンドン保険業者協会との協会合同機関である「戦争保険料率委員会」は、商船にとって高リスクで戦争やテロなどに関連する危険性が高いと考えられる地域の評価を行っており、その指針は各保険会社の保険料率算定に影響を与えています。

◇貴金属

シティは世界最大の貴金属市場です。このため、世界中の金預託証券はロンドンで発券され、ロンドンで保管されています。

これがいまだにロンドン・シティの強い原動力となっているのです。

また一般的なインゴッド（金地金）には刻印が打たれていますが、ロンドンの金取引所会員企業のインゴッドはグッドデリバリーバーと呼ばれ、刻印への信用から割高で取引されます。

この認定が停止されると、正規の価格どころか約3～5％割安の「スクラップ価格」で精錬業者に買い取ってもらうしかなくなるのです。

ポイント

- シティには世界のルールメーカーとしての強みがある
- ロイズ保険組合から排除されると世界中の貿易から締め出される
- シティは世界最大の貴金属市場でありその原動力となっている

Q 金を大量に購入すればドル支配から脱せられるのでは？

A 不可能です。金本位制は過去の遺物にすぎません

◇金本位制は不便

アメリカから金融制裁を受けている国があると必ず取り上げられる話題が、当事国が金保有を増やし、ドルから離れ金本位制に戻ろうとしている、という議論です。しかし、それはあまりにナンセンスです。

なぜなら、金本位制というのは前述したように、金の保有量しか通貨を発行することができない、国際金融のトリレンマでいえば、独立した金融政策を放棄することを意味します。つまり自由に通貨発行ができなくなるのです。独裁体制の国家にとってこれほど不便なことはないでしょう。

金本位制ではないものの、今も世界の中央銀行は金準備を保有しています。そして、そ

れは各国通貨の担保として、ＩＭＦなどに預けられているのです。

では、その金は実際どこにあるのかというと、ニューヨーク連邦準備銀行（ＮＹ連銀）の地下金庫に眠っています。実に世界の中央銀行の金保有（金準備）の約５分の１の６２００トンがそこにあるのです。

これはアメリカの金準備ではなく、大半は外国が保有する金であり、取引する場合はその名義が書き換えられるだけとなっているわけです。日銀の保有する金準備のほとんどもＮＹ連銀に存在します。

このことは世界各国共通であり、各国の中央銀行には金の現物は存在しません。さらに金は保有しているだけでは金利がつかないので、銀行に預けられ証券化されています。

金預託証券とは「倉荷《くらに》証券」の一種であり、銀行が発行する証券の一つです。銀行に金を預けることでそれを証明する証券が発行され、これが融資の担保などに活用されます。この証券を貸し出すことで貸し手は金利を得られ、借り手は融資を受けられる仕組みになっているのです。

この金預託証券は、様々な担保に使われ、何十倍ものレバレッジがかけられています。つまり、**現物と乖離《かいり》した金の存在が金融市場にはある**のです。

しかし、現物を求められれば、それを払い出す義務が金融機関にはあり、仮に金本位制に復帰すれば、金との兌換ができず金融システムは破壊するのです。

それは人民元やロシアのルーブルも同様です。

金本位制にした場合、銀行に紙幣を持ち込めば直ちに金の現物を払い出さなくてはなりませんが、それを満たすだけの金の現物はロシアにも中国にもありません。

量的緩和により世界中にあふれたドルを裏付けにしたドル本位制に依存したほうが、金本位制よりも各国の中央銀行は通貨を発行することができ、メリットが大きいのです。

私が金本位制への復帰をナンセンスだというのはこの意味においてです。膨大な金を保有しているならいざ知らず、そのような資格のある国は存在しないでしょう。

ドルが基軸通貨であることの恩恵を受けているのはアメリカだけではなく、日本も含めたG7を中心に、中国などの新興国も恩恵を受けていたことは先に述べました。

ドル基軸からの脱却はそんなに簡単ではないのです。

ポイント

・金本位制が終わったのは不便で国家にとって都合が悪いから
・金保有の証券化により何十倍にも膨らんだ金に対し、各国の実際の金の現物では対応できない
・ドル本位制の恩恵を受けていたのは世界各国

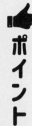

14 日本経済のリスクとチャンス

Q 日本はインフレ？

A コストプッシュインフレです。デフレから脱却するカギは賃金とエネルギー

◇コストプッシュインフレ

現在の日本は、CPIは継続的に上がっており、コアコアCPI4・2％（燃料補助などがなければ4・5％）程度になっています。

そして、これは企業間で売買する物品の価格水準を数値化した企業物価が上がり続けて

いるため、長期にわたり継続すると予想されるわけです。

バブル以降の長期的なデフレから、日本はインフレに変化しているといっていいでしょう。

しかし、今回のインフレは、原材料費などコストの上昇が原因で発生する「コストプッシュインフレ」であり、「悪性インフレ」であるともいえます。

２０２３年８月15日の内閣府の発表によると４～６月期の実質ＧＤＰは年率６・０％増と大きく伸びていますが、それは外需による部分が大きく、個人消費などの内需はマイナスに転じています。

その原因としては、食品物価等の上昇による要因が大きく、国内消費が減退してしまっているのです。

ですから、これ以上のインフレは望ましくないということになります。そして、インフレの最大の要因は世界的な資源インフレと輸入物価の上昇といえます。

そのため、日銀の金融政策転換が議論されています。その一方で国民負担を減らし内需を拡大する必要があるわけです。

◇賃金上昇

企業業績は長く続いた「デフレマインド」の緩和と値上げの容認姿勢により、大企業の値上げが続き、利益確保しやすい環境ができています。

また、円安による為替効果（決算は円で行われるため海外資産と利益の評価が上がる）がこれに拍車をかけ、企業業績は過去最高となり、連動して法人税も大きく上振れしているのです。

法人税は企業業績と連動するため、大きく変動しやすい税です。逆に円安に動くと逆の為替効果が働き、企業業績と税収を悪化させるでしょう。

コロナ以降の慢性的な人手不足は、賃金を上げる圧力を強めています。

日本の雇用制度は海外のように簡単に解雇できない半面、賃上げは春闘を経た4月の一回しかなく、賃金に反映されにくいのが問題でした。したがって、**日本は賃金の大幅変動が起きにくい労働市場**なのです。

しかし、**非正規のパートやアルバイト市場では賃金が大きく上がっています。**

また、いわゆる「チャイナデカップリング」によって、これまで中国に進出していた企業が日本に回帰していることもプラス要因といえます。

したがって、上振れした利益を企業は給与に充てるべきであり、それが難しい企業は人手が確保できない状態を今のまま継続させることが望ましいのです。

特に今は何もしなくていいのです。安易に移民政策などで海外からの安価な人材を受け入れないことです。安い人材が入ってくることで喜ぶのは経営者だけで、それにより国内の賃金を下げてはデフレに後戻りするだけです。

人口減少による人手不足を補うためには、移民ではなく、一人ひとりの生産性を高めることが重要となります。従業員10人の会社で100億円儲けている会社もあれば、従業員が10万人いても赤字の会社もあるのです。従業員一人当たりの利益率を高める、付加価値をどこまでつけるかが問題で、そのカギを握るのは省力化・自動化で、これは電力の問題なのです。

◇エネルギー

なぜなら、機械などにより省力化、自動化をはかるにはそれを動かす電力が必要だからです。

政府は石油や電気代に補助金を投入し、価格の高騰を抑えていますが、そうした小手先政策ではなく、安価なエネルギー調達についてもっと真剣に考えるべきです。

原発を全基再稼働させた九州電力の電力の安定供給があるからこそ、熊本を中心にTSMCなどの半導体企業が続々と投資し、雇用を生み出しているのです。

また、関西電力に関しても原発を再稼働させて安価な電力を供給できる態勢を整えることにより、もともと大阪にあったパナソニックも日本回帰を模索するようになっています。

日本のデフレの大きな原因の一つは、電力代金です。米国に比べ3倍、中国に比べ2倍もします。電力不足による電気代の価格差が企業の中国進出を促した側面もあるのです。

非効率で災害の原因ともなっている愚かなメガソーラーや風力発電などの計画は見直す必要があります。原発再開を急ぎ、エネルギーコストの上昇を抑えるとともに、供給制限を解き、自然エネルギー等の非効率な電力確保はできるだけ抑え、高効率石炭タービンなどへの置き換えを進めるべきです。

◇デフレ脱却

賃金の上昇とエネルギー価格の低下が30年に及ぶデフレからの脱却の原動力となるで

しょう。

また日銀の金融政策としては、為替と物価を見ながら、出口戦略の一つとして量的緩和策による資産買い入れ額を徐々に減らしていく「テーパリング」や利上げをゆるやかに行うべきでしょう。

経済は一国の市場に合わせた規模で行うべきであり、その代わり、商品の品質を高めていくことを考えていかなければならないのです。

ポイント

- コストプッシュインフレは「悪性インフレ」。内需の拡大が課題
- 賃金上昇とエネルギー価格の低下がデフレ脱却のカギ
- 量的緩和からのテーパリングはゆるやかに

Q コロナ後の財テクは？

A 安いときに買って高く売るのが財テク。バブル期には手を出さないほうがいいでしょう

◇投資は自分で

一般に財テクというのは安いときに買って高いときに売って利益を上げることです。日経平均が1万5000円台ならまだしも、3万円を超えるバブル期に手を出すべきではありません。

欧米のリセッション（一時的な景気の後退）、世界的なバブル崩壊、中国のバブル崩壊の世界市場への波及など、数多くの不確定要因があるのは確かです。

これまでの復習になりますが金利が高いということはリスクが高いということでもあります。リスクが低ければ金利も低くなるようにうまくバランスしているのです。

ただ気をつけなければならないのは、仕組債のようにハイリスクなのにローリターンの

金融商品もあることです。

手数料が高い商品はそれだけで元本を減らしているので、100%回収することすら難しいことを知っておいたほうがいいでしょう。

投資信託やファンドのように他人にお金を預けて儲かるわけがありません。

それは白地《しらじ》手形を渡すようなもので、運用を任せて責任だけ自分が負うことになるのです。上昇局面ならまだしも、下落局面でそれを行うのは無謀というものです。

たとえば、証券会社によっては自己取引とファンドの運用部門の情報の仕切りがなされていませんでした。本来、「ファイアーウォール規制」といって、同一金融グループ内の「銀行」と「証券会社」間において、顧客の非公開情報の共有は禁止されているのです。

そうしないと自己取引でジャンク債となるような債権をファンドにぶち込んで顧客にリスクをなすりつけるようなことができてしまうからです。

ですから**どうしてもやりたければ自分で投資**すべきです。自信がないのにファンドを買うくらいであれば、市場が上がるか下がるかだけで決まる手数料が安いＥＴＦ（上場投資信託）を購入したほうがまだましでしょう。

「ＥＴＦ」とは「Exchange Traded Fund（上場投資信託）」の略で、特定の指数、たとえば日経平均株価や東証株価指数（ＴＯＰＩＸ）等の動きに連動した投資信託です。日経平均が上がったか下がったかは容易にわかることであり、運用の透明性も高いです。

◇運用額と情報

お金というのは道具にすぎません。

本来、きれいも汚いもないものです。手にしたお金を増やしたいのか減らさないようにしたいのか人それぞれで、使い方も変わってくるのです。

どうしても増やしたいというのであれば、ハイリスクをとらざるをえませんが、マーケットの世界は「運用額の大きさで決まる」という冷徹な事実があります。１００億円あれば０・１％の収益でも１０００万円になりますが、１００万円しかなければ１０００円です。

また、投資のプロたちは情報を金で買っているのです。テレビで推奨している銘柄は〝ババ〟です。

つまり、こういうことです。

機関投資家や大口投資家がうるおうためには銘柄を買う買い手が必要となります。推奨銘柄は一般人が読まないような専門紙に載るのですが、この情報は日経新聞に載った時点がピークで、一般紙に紹介されるようになった時点で終わりです。そして最後のババつかみがテレビ情報なのです。

情報というのは知る人が増えれば増えるほど価値がなくなっていくものです。

これも「お金の常識」なのです。

ポイント

・投資信託やファンドのように他人にお金を預けて儲かるはずがない
・投資は自分でやる。ファンドを買うくらいなら手数料の安いＥＴＦを購入
・お金は道具にすぎない。情報もお金である

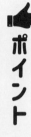

おわりに——お金を学ぶということ

経済は生き物である。そして、純粋な資本主義において、価格はすべて市場が決定する。しかし、それでは弱肉強食化が進み、弱者の淘汰が発生し、社会が不安定化するという大きな問題も発生します。これを修正するために国家の介入を認めたのが「修正資本主義」であり、現在多くの国で採用している資本主義といえます。

歴史は繰り返すといいますが、経済活動や思想も変化しながら繰り返しているのです。

1980年代以降の日本のデフレを促進したのは、バブル崩壊とグローバリズムでした。冷戦が終結したことで東西の壁がなくなりワン・ワールド化が進みました。そして、「小さい政府」が選好され、本書で述べている金融ビッグバンを中心とした自由化が進んでいきました。経済界ではシカゴ学派を中心としたいわゆる「新自由主義」が勃興し、国家の否定が進んだわけです。また、この前提には「トリクルダウン思想」がありました。これはシャンパンタワーのように、上が豊かになれば自然に下にもおこぼれがあるというものでした。しかし、実際には格差が拡大するだけで、富の偏在化、二極化が進んだのです。

そして、これと並行する形で「金融主導型社会」が進みました。先進国では第一次産業

（農業、鉱業など）、第二次産業（製造業など）など、実体経済が空洞化し、金融利益を利用する形での第三次産業（サービス業など）中心の社会に変化していったのです。この前提には、「国際金融機関」による投資と利益の回収構造がありました。かつて、存在した植民地経営農業プランテーションが資本によるプランテーションに変化したのです。

しかし、これはサブプライムとリーマンショックにより破壊されました。国際金融資本の多くが資本不足や破綻危機に陥り、保有していた海外の利権を売却することになったのです。そして、急激に経済を拡大させていた中国がこれを手にしていきました。また、中国はこれを利用する形で国際社会での発言力を強め、再び拡大主義に走っていったのです。

これは世界の大きな枠組みで見て取ることができます。第2次世界大戦後の世界は冷戦の始まりでもありました。国際連合という大きな枠組みは東西冷戦により、機能不全に陥り、西側先進国連合のG5、のちのG7体制に変化しました。しかし、これは1989年の冷戦終結宣言により大きな変化を迎え、旧東側陣営の敗北に終わりました。巨大な経済実験である東西の対立は西側陣営の勝利で終わったわけです。

しかし、この状況もリーマンショックにより大きな変化を迎えます。G7の先進国の弱体化とともに力をつけてきたBRICsを中心とした新興国G13。これらが一つになり、

G20体制と変化しました。また、ロシアは先進国体制であるG7にオブザーバー参加し、一時的にG8体制になりました。しかし、この構図は長続きしませんでした。力をつけてきた資源国家ロシアはクリミア侵攻を行い、G8から排除されることになり、G13も各国の利害の対立から意見を一つにまとめることができませんでした。また、中国の権力拡大はG7諸国との利害対立を生み、新たな冷戦が始まりました。

これを象徴する出来事が米国トランプ大統領誕生であり、世界的なナショナリズムの勃興といえるでしょう。また、「メイク・アメリカ・グレイト・アゲイン」をうたい、米国の第一次産業、第二次産業の復興をうたったことも大きな動きです。これは先進国の金融主導型社会から実体経済中心の社会への復帰の象徴ともいえるものです。また、ここにおいて大きな障害となるのが、「世界の工場」になっていた中国であり、経済面でも中国との対立が大きく表面化することになりました。

また、これと並行する形で米国政治にも大きな変化が起こります。冷戦終結により敗北側になった米国の社会主義者の多くが保守政党である共和党支持へと鞍替えします。これらの多くがグローバリストであり、ネオコン（新保守主義）と呼ばれる人たちです。その代表格といえるのが経済専門通信社であるブルームバーグをつくったマイケル・ブルームバーグです。彼はもともと民主党員であり、冷戦終結後に共和党からNY市長になったわけです。しかし、トランプの誕生により再び民主党に移り、民主党から大統領予備選挙に出たのです。

そして、彼らがバイデン政権を誕生させたといえるわけですが、世界の大きな潮流には勝てず、米中の対立はより深化し、ロシアと連動する形で中国の勢力拡大の動きはさらに深刻化しています。これは単なる経済的な対立ではなく、根本的な価値観と文明の対立と考えられます。「自由や民主主義と資本主義」と「計画経済と独裁専制主義」の対立といえるものです。

「経済」の語源は「経世済民（世《よ》を経《を》さめ、民《たみ》を済《すく》ふ）」が語源であり、政治と経済は表裏一体の関係にあります。本書で解説しているお金はそれを操る道具であり、これを制したものが勝者となります。現在、世界は大きな変動期にありますが、そこには普遍的なものがあり、その最たるものがお金といえるのかもしれません。世界最古の職業の一つが金貸しであり、現代の金融であるといえるのです。お金を学ぶことは歴史を学ぶことであり、政治を学ぶことといえるのでしょう。

世界《せかい》と人間《にんげん》を操《あやつ》る
お金《かね》の学校《がっこう》

2023年10月10日　初版発行

渡邉哲也（わたなべてつや）

作家・経済評論家。1969年生まれ。日本大学法学部経営法学科卒業。貿易会社に勤務した後、独立。複数の企業運営に携わる。大手掲示板での欧米経済、韓国経済などの評論が話題となり、2009年、『本当にヤバい！欧州経済』（彩図社）を出版、欧州危機を警告し大反響を呼んだ。内外の経済・政治情勢もリサーチや分析に定評があり、さまざまな政策立案の支援から、雑誌の企画・監修まで幅広く活動を行っている。著書は100冊を超える！
ベストセラー・話題作など多数。

企画・編集　佐藤春生企画
校　　正　大熊真一
編　　集　川本悟史（ワニブックス）

発 行 者　横内正昭
編 集 人　岩尾雅彦
発 行 所　株式会社 ワニブックス
〒150-8482
東京都渋谷区恵比寿4-4-9 えびす大黒ビル
ワニブックスHP　http://www.wani.co.jp/

お問い合わせはメールで受け付けております。
HPより「お問い合わせ」へお進みください。
※内容によりましてはお答えできない場合がございます。

印刷所　株式会社 光邦
ＤＴＰ　アクアスピリット
製本所　ナショナル製本

ISBN 978-4-8470-7342-7